D1444169

風
水

FENG
SHUI

FENG SHUI

CONOCIMIENTOS
ANTIGUOS PARA
LA VIDA MODERNA

BLUME   PAUL DARBY

Waldorf West Branch
10405 O'Donnell Place
Waldorf, MD 20603

Para Annie, tigresa, «el viento bajo mis alas», mi héroe –T.M.D.– y para el haz
de luz Keira Marie que ha impregnado mi vida de nueva alegría.

BLUME

Título original:
The Feng Shui Doctor

Traducción:
Marta Llobera Català

Diseño:
Daniel Sturges
Justin Ford

Caligrafía:
Yukki Yaura

**Revisión técnica de la edición
en lengua española:**
Nicoletta Petrovanu
Arquitecta
Experta en feng shui

**Coordinación de la edición
en lengua española:**
Cristina Rodríguez Fischer

Primera edición en lengua española 2007

© 2007 Naturart, S.A. Editado por BLUME
Av. Mare de Déu de Lorda, 20
08034 Barcelona
Tel. 93 205 40 00   Fax 93 205 14 41
E-mail: info@blume.net
© 2007 Duncan Baird Publishers Ltd,
Londres
© 2007 del texto Paul Darby

I.S.B.N.: 978-84-8076-713-2

Impreso en China

Todos los derechos reservados.
Queda prohibida la reproducción total
o parcial de esta obra, sea por medios
mecánicos o electrónicos, sin la debida
autorización por escrito del editor.

CONSULTE EL CATÁLOGO DE PUBLICACIONES ON LINE
INTERNET:HTTP://WWW.BLUME.NET

Nota del editor
Los editores y el autor no asumen ninguna
responsabilidad por los posibles daños
o perjuicios que se pudieran ocasionar
como resultado de utilizar cualquier método
terapéutico desrito o mencionado en este libro.

CONTENIDO

PRÓLOGO
Martin Shaw

Martin Shaw, un galardonado actor, ha representado papeles principales en distintas producciones en el West End londinense, como Man For All Seasons *y* Are You Lonesome Tonight, *así como también en Broadway. Ha sido protagonista en numerosos programas de televisión británicos, como en* Judge John Deed, Always and Eveyone *y* The Professionals.

Llevaba muchos años interesado en la energía sutil y el misticismo cuando descubrí el arte del feng shui. Entendí que parte de nuestro supuesto progreso nos aislaba del tesoro oculto de conocimiento antiguo que trata el feng shui. El escepticismo de muchas personas respecto a la energía sutil nos ha mantenido en la oscuridad demasiado tiempo. Sin embargo, actualmente, me encanta decir que las profundas verdades de este conocimiento están introduciéndose en nuestras vidas cada vez más.

El feng shui se introdujo en mi vida a través de un sentido intuitivo de que había algo más en la «sensación» de un lugar aparte de la simple belleza física o de la colocación ingeniosa de los objetos y de los muebles. Noté que algunos sitios transmitían inmediatamente una sensación de paz y de tranquilidad, mientras que otros rebosaban el caos y la incomodidad.

Hace algunos años, estuve bastante tiempo sin trabajo. El dinero escaseaba y también tenía deudas pendientes. Compré un libro básico sobre el feng shui y descubrí que las zonas del dinero y del trabajo de la casa en la que vivía eran, según el feng shui, muy malas. Hice algunos cambios según los consejos del libro y esperé. Tres días después, conseguí el dinero que debía;

y, a continuación, recibí ofertas de trabajo. Ya había empezado a interesarme por el tema cuando vi al especialista en feng shui Paul Darby en el programa de televisión *Richard and Judy*. Fue la personalidad vibrante de Paul y la convicción total en su arte lo que me llevó a pedirle una consulta y una visita a mi casa.

Mi casa, un antiguo templo de los cuáqueros, estaba llena de energías, memorias e influencias. Paul se pasó horas trabajando de un lado a otro de la casa identificando, con su gran conocimiento y formidable intuición, los cambios que necesitaba hacer y elaborando la ruta del viaje que estaba a punto de emprender. Esto implicaba redecorar, además de recolocar varios objetos. Los resultados inmediatos fueron gratificantes en cuanto al aspecto y al ambiente de la casa. También hubo un cambio más gradual en mi vida dentro y fuera de mi casa. Ahora, pocos son los invitados que no hacen comentarios sobre el tranquilo y positivo ambiente de mi casa, y yo mismo tengo la profunda sensación satisfactoria de que mis energías y las de mi hogar están en equilibrio.

Paul y su mujer, Annie, se han convertido en unos buenos amigos. La erudición y profesionalidad de Paul hablan por sí solas, pero con tan sólo 10 minutos en su compañía se puede notar el extraordinario ser humano que es. Su positivismo y alegría te hacen reír y te transmite una sensación de ligereza y confianza. Los consejos y el amplio conocimiento de Paul son incesantemente valiosos. Es una fuerza de la naturaleza y espero que este libro le lleve a un fascinante y gratificante viaje, lleno de paz y armonía. El feng shui es un mar de sabiduría y conocimiento. ¡Sumérjase!

Martin Shaw

INTRODUCCIÓN

Otro libro sobre el feng shui, pero éste no es para colocar en su mesa o estante. Está escrito para que le sea útil, no decorativo, y diseñado para tenerlo a mano, llevarlo en el bolso o para utilizarlo en la tienda de bricolaje.

El feng shui es un arte tradicional chino de hace miles de años atrás, pero que se puede adaptar fácilmente al siglo XXI. Este libro se centra en las creencias y en las prácticas esenciales para que se familiarice con el feng shui.

También le muestra cómo puede utilizar estas técnicas antiguas de manera práctica, como una guía para su vida diaria.

El origen del feng shui

Literalmente, las palabras *feng shui* significan «viento» y «agua». Se refieren al movimiento fluido del chi, la energía que existe en todo el universo. El feng shui, que se pronuncia «fang shuei», conlleva la evaluación y la modificación de las energías en cada parte de su entorno (paisajes, luz, color, espacios, objetos) para aumentar la circulación de chi a su alrededor y en su interior. Todo su entorno le afecta. Sucesivamente, usted actúa sobre las energías de su entorno e, incluso, puede llegar a cambiarlas conscientemente.

Qué es y qué no es el feng shui

Hay personas que me preguntan si el feng shui significa sólo mover los muebles de sitio, con lo que siempre respondo de una manera frívola: no, esto es otro «recurso chino antiguo» que se llama «camión de mudanzas». Sin embargo, el feng shui trata de distribuir correctamente los espacios y los objetos para producir una circulación de energía natural que le haga sentir cómodo.

Cómo encaja el feng shui en su vida

En la creencia tradicional china, el feng shui se entendía como uno de los cinco aspectos de una buena vida. Normalmente, estos aspectos, en orden de preferencia, son: destino, suerte, feng shui, virtud y conocimiento.

El destino (o karma) es lo que le depara esta vida como resultado de los buenos y malos actos en vidas anteriores. Suerte, o mérito, es la buena o mala fortuna que atrae con sus acciones en esta vida. El feng shui es la forma en que se relaciona con su entorno físico y espiritual. La virtud y el conocimiento son las cualidades que puede utilizar para provocar su propio éxito.

LOS CINCO ASPECTOS DE UNA BUENA VIDA

El segundo aspecto es la suerte (mérito)

El cuarto aspecto es la virtud (carácter)

El primer aspecto es el destino (karma)

El tercer aspecto es el feng shui (entorno)

El quinto aspecto es el conocimiento (habilidad, experiencia)

Con este modo de pensar, no tiene un control total de su vida, pero tampoco es un indefenso títere del destino. Está influenciado por sus bienes y entorno, pero todavía puede fortalecer sus virtudes y trabajar en sus debilidades para mejorar las circunstancias. El feng shui es un método que puede utilizar para mejorar su vida, permitiéndole entender y modificar su ambiente.

Sabiduría tradicional

Hace siglos, los maestros orientales expertos en feng shui evaluaron las formas en las que la energía, llamada chi, circulaba por el universo. Utilizando recursos como el pa kua (*véase* pág. 140), plantilla que muestra las energías en cada casilla, podían canalizar el chi y mejorar el trabajo, la salud, la riqueza y las relaciones de las personas. Sus enseñanzas, reinterpretadas para la vida moderna, forman la base de este libro. El primer capítulo resume cómo se desarrollaron las ideas de los maestros a lo largo del tiempo. El segundo capítulo describe las pautas que identificaron en todos los objetos y espacios.

Si aplica el feng shui estará «restableciendo lo celestial en medio de lo mundano», tal y como solían decir los antiguos maestros. También describían la práctica del feng shui como «quitar el exceso y montar en el fénix»: el fénix es un ave mitológica que simboliza el éxito y la realización.

El universo y nosotros

La principal premisa en el feng shui es que vivimos dentro de una masa giratoria de energía vibrante que crea patrones que unen el universo en un gran «baile cósmico». El chi está vibrando en interminables ritmos de creación y de destrucción, lo que los expertos en feng shui llaman «ser y no ser». Actualmente, la ciencia se hace eco de esta idea.

En la física cuántica se insinúa que los objetos, incluso nuestros cuerpos, no son sólidos, sino que son masas giratorias de partículas cargadas que interactúan, constantemente, con las partículas de su entorno. Einstein describió esta actividad como un «movimiento tembloroso» o una energía «vibrante».

Otro físico dijo, «cada vez que use una tostadora, el campo de energía de su alrededor cambia las vibraciones ligeramente [...] en todo su entorno cercano». Vibramos como diapasones, al igual que cualquier otra cosa, en un patrón armónico de flujo electromagnético.

Sentir las vibraciones

A nivel individual, usted siente el mundo a través de vibraciones. Las formas más evidentes de vibración son la luz y el sonido; una forma más sutil es la energía electromagnética. Uno genera sensaciones positivas y negativas en respuesta a estas vibraciones.

Probablemente ha notado estos efectos usted mismo. Por ejemplo ¿tiene una canción favorita que le haga sentir contento o relajado? ¿Tiene un color que siempre lleva en las entrevistas o para relajarse o para relacionarse? ¿Hay casas o habitaciones que le parecen especialmente acogedoras o que le hagan sentirse incómodo?

Restablecer el equilibrio de las energías

Durante los últimos siglos de civilización los seres humanos han distorsionado, de varias maneras, la circulación natural del chi. Hemos contaminado el aire con el humo de los coches y de las estaciones eléctricas, hemos vertido productos químicos en los ríos y creado radiaciones perjudiciales con redes eléctricas y torres de telefonía móvil. Este daño conduce a un estado de estrés que los antiguos maestros llamaban «perder vitalidad».

Sin embargo, no hay porqué desesperarse; el feng shui le puede ayudar a estabilizar estas energías o, incluso, utilizarlas en su favor. En las secciones dos y tres de este libro encontrará numerosos consejos que le permitirán eliminar pérdidas y bloqueos de energía, animar el chi estancado y protegerse de las vibraciones energéticas nocivas tanto dentro como fuera de su casa.

Reactivar el chi

El chi se reactiva con cualquier cambio en el color, en los objetos, en la luz o en los sonidos, alterando sus cualidades vibratorias. La energía también se genera por la interacción entre los objetos y su entorno. Por ejemplo, si pone una planta de interior en el salón puede aumentar el chi bueno, en cambio, si la pone en el dormitorio su energía podría ser perjudicial.

Para conseguir el mejor efecto, es vital crear una correcta combinación de objetos y espacios. Preste atención a su entorno, donde trabaja, duerme, descansa, come y hace el amor. De la misma manera que piensa en cómo debe vestirse, propóngase crear energía que le favorezca. Lo ideal es producir un equilibrio entre fuerza y flexibilidad, un estado que los maestros del feng shui llaman *ou-yeh mo-yeh* (forja de una espada), de modo que la hoja y su poder sean fuertes y efectivos.

¿Cómo le puede ayudar el feng shui?

El feng shui no es mágico, no le puede traer el éxito de la noche a la mañana o librarle de todas las dificultades de la vida. Pero sí puede reforzar los períodos de buena fortuna y apoyarle en los momentos difíciles.

Afine las cuerdas de una guitarra y tendrá más posibilidades de hacer una música armónica y melódica, pero todavía necesitará aprender a tocarla. Tener el coche en buen estado no garantiza que nunca sufrirá un accidente, pero que si pasa, y todo funciona correctamente, habrá más posibilidades de sobrevivir. Lo mismo sucede con el feng shui. Las energías que fluyen a su alrededor afectarán en la manera en cómo se siente; revíselas, afínelas y déjelas fluir en armonía con usted.

Sentir la fuerza

Le enseñaré cómo funciona el feng shui explicándole cómo empecé a practicarlo. Sufría encefalomielitis miálgica y tuve que dejar el trabajo como director en un colegio. Probé de todo: cambiar la dieta o tomar suplementos vitamínicos, pero no me ayudó. Entonces, mi médico me aconsejó hacer meditación y filosofía oriental para restaurar mis niveles de energía.

Empecé a trabajar en el yo interno con la meditación, el tai chi y el chi kung, y reajusté mi entorno con el feng shui. (De hecho, a veces describo el feng shui como el tai chi o la acupuntura para el entorno.) Poco a poco, al mejorar la circulación de energía de mi alrededor y de mi interior fui mejorando. Continué utilizando mis técnicas en toda clase de situaciones, desde equilibrar las energías en el Millennium Stadium de Cardiff, Gales, hasta dar consultas privadas para mejorar la salud, el trabajo y las relaciones de las personas.

Sin embargo, no quiero insinuar que el feng shui sea un remedio milagroso. Le puede ayudar a crear un entorno en el que prosperar, pero si quiere cambiar su vida tiene que tomar decisiones y llevarlas a cabo usted solo. Según palabras de un budista: «Puedo darle el billete, pero usted tiene que coger el tren».

El principio de su viaje

Está a punto de empezar un fascinante viaje de descubrimiento. No tiene por qué creer en el simbolismo, sólo pruebe los consejos. Trabajando en su casa o en la oficina notará una mayor armonía en su entorno y verá cómo mejora su vida. A veces, los cambios son muy rápidos; otras veces, no lo son tanto, así que deberá tener paciencia. Es más, el feng shui puede tener unos grandes efectos en su vida, pero no es una «solución rápida».

El feng shui no es más que una pieza del rompecabezas de la vida, pero es una pieza clave que le permite ver la imagen entera ante sí. Simplemente, utilícelo, disfrútelo, vívalo. El feng shui puede llegar a ayudar a todo el mundo tal y como me ayudó a mí.

«ÉSTE ES EL MOMENTO DE EMBARCARSE.
TODAS LAS SEÑALES FAVORABLES ESTÁN EN SU SITIO.»

PROVERBIO CHINO

CÓMO UTILIZAR ESTE LIBRO

El feng shui es un arte sutil y complejo. En una consulta completa, un profesional experto creará una combinación de energías únicamente apropiadas al cliente, a las energías de su entorno y a la manera en que el cliente quiera cambiar su vida. No obstante, las ideas y las técnicas fundamentales del feng shui son fáciles de aprender.

Información práctica

Para usar el feng shui primero necesita identificar las energías que actúan en cada zona. En las siguientes páginas encontrará cómo hacerlo. Primero dibuje un plano del lugar, luego coloque sobre el plano la plantilla del pa kua (*véase* página siguiente) que divide el espacio en nueve sectores.

La primera sección de este libro le dará información general y le explicará las características de los diferentes tipos de energía, incluso las energías de cada sector del pa kua. La segunda sección le da una guía de cómo sacar el mayor provecho a todas las habitaciones, donde sea que se encuentren, y trata con los posibles problemas. La tercera sección le mostrará cómo responder a las energías que fluyen alrededor de su casa y cómo refrescar el chi si la quiere redecorar o vender.

Al final del libro encontrará un conjunto de herramientas prácticas: guías para los colores y los accesorios que puede aplicar en las diferentes áreas, seguido de un glosario y un apéndice con más información.

Soluciones modernas

Intento mantener las cosas simples y de acuerdo con los gustos modernos tanto como sea posible. Por ejemplo, mis soluciones, normalmente, implican objetos que ya debe de tener en casa, como fotografías, más que artículos especiales del feng shui, como figuras del Buda o sapos de tres patas. También explico cómo la tecnología moderna, como los televisores y los ordenadores, pueden beneficiarle en vez de quitarle energía.

El pa kua, una herramienta esencial

El chi, o energía, de un espacio puede tomar varias formas. Puede ser yin o yang (*véase* pág. 32); puede estar regido por un elemento, como el metal, la tierra o el agua (*véase* pág. 33), o puede estar asociado con los puntos principales de la brújula, que en feng shui se conocen como las Ocho Ubicaciones (*véase* pág. 36).

El pa kua completo (*véase* pág. 140; y cuyo nombre significa literalmente «las ocho formas») muestra las cualidades, los colores y los elementos aso-

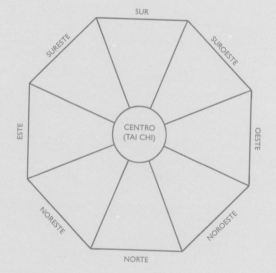

ciados con cada una de las Ocho Ubicaciones. El simple diagrama sólo muestra los ocho puntos de la brújula más el centro. El pa kua siempre se utiliza con el sur en la parte superior y el norte en la parte inferior.

Lo mejor es utilizar un pa kua completo (*véase* pág. 140) impreso o fotocopiado en una hoja de acetato transparente, ya que así puede colocarlo encima del plano de planta y seguir visualizándolo.

Dibujar un plano

Va a necesitar papel (milimetrado si es posible), lápiz, bolígrafo y una brújula. Primero, dibuje un plano de planta del espacio; *véase* el ejemplo de la página siguiente. Si su casa es cuadrada o rectangular, dibújela tal y como es, preferiblemente a escala. Sin embargo, si tiene una forma irregular, prolongue los bordes irregulares del plano con líneas de puntos suspensivos convirtiéndolo en un cuadrado o rectángulo. Luego, dibuje las habitaciones en proporción las unas con las otras; por ejemplo, indique si la cocina es más pequeña que el vestíbulo o si el salón es más grande que el comedor.

En todas las habitaciones marque la posición de las puertas y de las ventanas, e indique los elementos fijos, tales como bañeras, hornos, armarios de cocina y chimeneas. Si su casa tiene dos plantas, dibuje un plano para cada planta y marque la posición de las escaleras. Asegúrese de que la planta superior encaje perfectamente sobre el plano de la planta inferior.

Encontrar el centro del espacio

El próximo paso es utilizar una técnica que se llama «trazar diagonales» para encontrar el centro del espacio. Dibuje líneas diagonales conectando las esquinas opuestas. Haga una marca en el punto donde las diagonales se cruzan. Si ha utilizado líneas de puntos suspensivos para obtener un plano regular, dibuje las líneas diagonales desde las esquinas del «cuadrado» o del «rectángulo» y no desde el borde de la zona irregular.

Ejemplo de un plano de planta

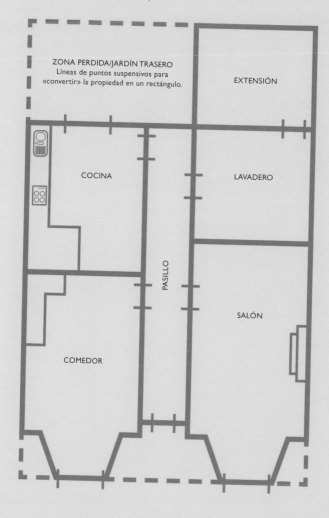

ZONA PERDIDA/JARDÍN TRASERO
Líneas de puntos suspensivos para
«convertir» la propiedad en un rectángulo.

EXTENSIÓN

COCINA

LAVADERO

PASILLO

SALÓN

COMEDOR

Consultar la brújula

Coloque la plantilla del pa kua (*véase* pág. 15) sobre el plano de planta poniendo la sección central sobre la marca que hizo en el centro de su casa. Sitúese en este punto central y consulte la brújula para saber dónde está el norte.

Para asegurarse de que ha localizado el norte correctamente, haga lo mismo desde la puerta principal y desde algunas habitaciones. (Si tiene muchos objetos metálicos o equipos eléctricos cerca de la brújula es posible que alteren el resultado). Alinee el sector norte del pa kua con el norte que marca la brújula.

Aplicar el pa kua a su plano

Finalmente, marque todos los sectores del pa kua en el plano, incluso el del centro. Si su edificio tiene dos o más plantas, marque los sectores del pa kua en todas ellas. Primero, hágalo en la planta baja, entonces coloque cada una de las plantas superiores encima, de manera que ambos croquis coincidan. Póngalos en el cristal de la ventana, así puede utilizar el plano de la planta inferior como guía, y marque los sectores del pa kua en el de la planta superior.

Incluir los patios y jardines

Si tiene un jardín o un patio de una superficie modesta (pocos metros cuadrados), continúe trazando los bordes de los sectores del pa kua hacia fuera de su casa hasta que abarquen todo el jardín. Sin embargo, si tiene un patio enorme, necesitará dibujar las diagonales en todo el plano del terreno y, entonces, sobreponer el pa kua. Una vez más, si el plano no es cuadrado o rectangular, necesitará trazar líneas de puntos suspensivos para hacerlo regular, de la misma manera que para una casa.

El diagrama terminado

El pa kua dividirá el plano de la planta en ocho «porciones» con un área central, tal y como se muestra en el diagrama inferior. Podrá ver en qué sector del pa kua recae cada habitación. Es normal que algunas de las habitaciones ocupen más de un sector (por ejemplo, el comedor puede extenderse entre el sur y el suroeste). Si su propiedad tiene una forma irregular, el diagrama también le mostrará qué sectores del pa kua están acortados por las zonas perdidas o aumentados por las ampliaciones. Con la información de su diagrama completo, estará preparado para evaluar y trabajar el chi en ese espacio.

Pa kua sobrepuesto al plano de planta de muestra

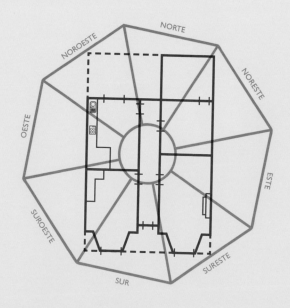

INTRODUCCIÓN AL FENG SHUI

El feng shui es la canalización y la combinación del chi, la energía sutil que fluye a través de todo el universo. Es una mezcla de ideas místicas y de técnicas prácticas. Se originó en China hace miles de años, pero hoy en día sus leyendas y tradiciones tienen aun trascendencia para nuestras vidas. Esta sección le presenta los principales pensamientos y creencias del feng shui para que tenga una mejor comprensión sobre este antiguo arte.

古代的才智

HISTORIA DEL FENG SHUI
Sabiduría antigua

El feng shui ha crecido durante siglos a través de una combinación de sentido práctico y espiritualidad. Se originó en la antigua China, donde la gente prestaba mucha atención a la naturaleza. Al igual que muchas personas mayores, explicaban las características del mundo con simbolismos y metáforas. Este capítulo le muestra cómo los antiguos chinos mezclaron la observación diaria con sus creencias espirituales para crear el feng shui que actualmente conocemos.

Los principios esenciales

El concepto básico del feng shui es que nuestro entorno contiene y distribuye energía espiritual sutil. Al principio, los orientales asociaban las diferentes características de un paisaje con particulares tipos de energía, y a éstas con animales simbólicos. Más tarde, utilizaron una brújula para identificar las energías en ubicaciones concretas. Las creencias espirituales asociadas con el feng shui están arraigadas en la antigua filosofía china taoísta (*véase* a continuación), que proporcionó una explicación para la circulación de energía espiritual, o chi, a través del universo y de nosotros mismos.

Los orígenes del feng shui

Se cree que se empezó a tener conciencia de las energías sutiles del paisaje en la prehistoria, cuando la gente simplemente contemplaba la naturaleza: observando los árboles, las montañas, el agua y el tiempo, y viviendo en armonía con su entorno. En China, eran particularmente conscientes de la fuerza del viento o de los tifones (*feng*), y del agua o de las inundaciones (*shui*).

La disciplina del feng shui se originó hace entre cuatro y cinco mil años en la montañosa China septentrional. Se puso en práctica por primera vez para saber dónde y cómo colocar las tumbas. Para que una familia tuviera buena suerte, se creía que las tumbas de sus antepasados tenían que estar protegidas de las inundaciones y de los tifones. Si el lugar de la tumba estaba dañado significaba que tendrían mala suerte durante tres generaciones. Por esta razón, la gente buscaba paisajes con montañas, árboles y edificios para que las protegieran del viento. También intentaban evitar lugares que estuvieran demasiado cerca de los ríos o de los arroyos, donde podía haber inundaciones o erosiones del suelo. Poco a poco, también fueron aplicando estas técnicas para proteger sus cultivos y casas.

Los Cuatro Animales Celestiales

Los antepasados chinos asociaban los puntos cardinales de la brújula (norte, sur, este y oeste) con energías especialmente poderosas. Representaban estas energías simbólicamente con los Cuatro Animales Celestiales: la tortuga, el dragón, el fénix y el tigre. Se han encontrado imágenes de estos animales en cerámica de hace más de cuatro mil años.

TORTUGA	DRAGÓN	FÉNIX	TIGRE
Posición: norte	Posición: este	Posición: sur	Posición: oeste
Color: negro	Color: azul celeste/ verde	Color: rojo	Color: blanco
Elemento: agua	Elemento: madera	Elemento: fuego	Elemento: metal
Simboliza: protección, progreso	Simboliza: suerte	Simboliza: éxito, realización	Simboliza: energía creativa

Según la mitología china, estos animales eran, en un principio, constelaciones de estrellas. Cayeron en la tierra durante una guerra en la que los chinos luchaban los unos contra los otros; los guerreros hicieron tanto ruido que las constelaciones se desprendieron del cielo.

La tortuga negra cayó al norte y se convirtió en «el guerrero protector». El fénix rojo cayó al sur y se convirtió en el símbolo del éxito. El dragón azul celeste cayó al este y se transformó en el símbolo de la buena suerte. El tigre blanco cayó al oeste y se convirtió en el símbolo de la creatividad.

La energía del norte era protectora y progresiva, y estaba asociada con el agua (*véase* Los Cinco Elementos, pág. 33). La del este fomentaba el crecimiento y la ambición, y estaba asociada con la madera; era una energía sumamente yang, masculina (*véase* Yin y yang, pág. 32). La energía del sur era cálida, apasionada y extrovertida, y se asoció con el fuego. La energía del oeste, asociada con el metal, era creativa, pero imprevisible y peligrosa, y se tenía que controlar; era una energía muy yin, femenina. Hoy en día, las personas siguen trabajando en feng shui con las energías de los Animales Celestiales.

Las energías de los animales en los paisajes

Los Cuatro Animales Celestiales son considerados como unas fuerzas poderosas del paisaje que rodea cada edificio. Se dice que el dragón se encuentra en la parte este. El tigre se halla en el oeste, el fénix en el sur y la tortuga en el norte.

Según el feng shui, el lugar ideal para edificar debería tener montañas detrás y al este del edificio para el dragón; colinas más bajas en el oeste para el tigre, y colinas pequeñas en el sur para el fénix. Actualmente, estos principios todavía se siguen cuando la gente quiere utilizar el feng shui para analizar las ubicaciones de las casas (*véase* pág. 124), y organizar la distribución de los jardines y de los patios traseros (*véanse* págs. 107 y 111).

El dragón y el tigre son las energías más fuertes. Se cree que están entrelazados y que una combinación de sus energías beneficiará cualquier lugar. Se dice que esté donde esté el dragón, el tigre también vivirá. Por esta razón y porque la energía del tigre es tan imprevisible y peligrosa, el feng shui aconseja no tener imágenes o símbolos de tigres en su casa o jardín.

Los puntos de la brújula

Al principio, las personas practicaban el feng shui sólo para analizar las energías de las montañas y de las otras formas del paisaje. Cuando la tradición se extendió a la China meridional, donde la tierra era más llana y sin tantas características distintivas, los practicantes de feng shui tuvieron que encontrar otra manera de evaluar el flujo de energía que les rodeaba. Empezaron utilizando una brújula, en ese tiempo era una cuchara de metal imantada que flotaba en un cuenco de agua, para detectar las energías de distintos sitios. En realidad, siglos antes de que se utilizara la brújula en la navegación ya se utilizaba en el feng shui. Por lo tanto, cada uno de los ocho puntos principales de la brújula llegó a representar una forma de energía en concreto.

La influencia del Tao

El taoísmo, filosofía base del feng shui, fue desarrollado por Lao Tzu, quien se cree que vivió en el siglo VI a. C. Escribió un libro llamado *Tao Te Ching*, que habla sobre la naturaleza de la vida en armonía con el universo y reúne muchos conceptos del taoísmo y del feng shui. El Tao se define como la nada creativa de la cual brotaron a la vida todas las cosas. El chi, la energía espiritual que existe en el universo y en todos los objetos, proviene del Tao.

Todas las cosas de nuestro universo absorben, contienen y distribuyen chi, y todo este chi se funde en el Tao: la energía creativa de detrás y de dentro de todas las cosas. El movimiento del chi es continuo y giratorio. Los taoístas creen que el universo es una inmensa unidad, como un tapiz en el que cada estrella, criatura, roca y gota de agua es un hilo esencial para ayudar a mantener todos los otros hilos juntos. Este equilibrio es el principio básico de toda existencia.

Las enseñanzas del taoísmo y del feng shui fueron difundidas por los maestros, expertos que actuaban como consejeros espirituales para sus comunidades. Para aumentar las vibraciones del chi en las personas y sus entornos usaban técnicas especiales en las que, a menudo, el sentido común y los elementos místicos estaban estrechamente alineados. Mezclaban diferentes energías utilizando las cualidades complementarias del yin y yang (*véase* pág. 32) y de los elementos de tierra, fuego, agua, metal y madera (*véase* pág. 33). La práctica de ajustar el flujo de chi de esta manera sigue siendo el núcleo del feng shui.

Observar la naturaleza

Los taoístas vivieron de manera simple y cerca de la naturaleza. Sus ideales eran llegar a alcanzar un estado de vacío creativo (*wu*) y simplicidad (*pu*), y existir en no-acción (*wu wei*), una condición que definían como solo ser, en vez de obrar. Creían que esa iluminación no procedía de una intensa oración o de una teoría religiosa, sino de una meticulosa observación de la naturaleza, de los paisajes, del tiempo, de las distintas estaciones del año y, especialmente, del fluir del agua. De esta manera uno podía vivir en armonía o en resonancia con el chi que le rodea y el de su interior.

Los paisajes ondulados con corrientes serpenteantes de agua son una representación del Tao. Los taoístas valoraban la soledad de las montañas y creían que en las cimas del monte estaban más cerca de las fuentes de chi que en cualquier otra parte. Describían los paisajes de montaña ondulados como dragones durmiendo, los ríos como las venas de un dragón de sangre fluida y las energías del chi como el «aliento del dragón» (*véase* pág. 39).

Los maestros taoístas animaban a las comunidades a cuidar el entorno. A menudo, sus recetas eran sumamente prácticas. Por ejemplo, aconsejaban a la gente no talar grandes cantidades de árboles en las laderas porque podía provocar deslizamientos de tierra y también recomendaban no construir cerca de las curvas de los ríos torrenciales.

El chi a gran escala

Tal y como hemos visto, se creía que las montañas, los árboles y las otras formas de paisaje afectaban a la circulación de chi. A nivel agrícola, el chi era la fuerza de la vida que aseguraba cosechas fértiles, flores, arbustos y árboles. Sin embargo, el flujo de chi se podía detectar en una escala mayor.

Las energías asociadas con los puntos de la brújula podían, por ejemplo, ser identificadas en la China misma. La capital, Beijing, estaba en el norte, donde las energías apoyan el progreso en la profesión de cualquiera. Ahí era donde se mandaba a la persona que pasaba todos los exámenes del servicio civil (y había muchos), para trabajar para el emperador o el gobierno. El noreste estaba asociado con el aprendizaje y la espiritualidad, y muchos de los lugares sagrados y de aprendizaje de los taoístas y budistas estaban ubicados ahí.

En el este, donde las energías fomentaban el crecimiento, la salud y la buena suerte, había tierras fértiles y extensos ríos. El sureste contenía los puertos, cuya riqueza reflejaba la abundante energía de este sector. En el sur, otros puertos grandes, como el de Shanghai, conectaban China con el mundo exterior y plasmaban la energía sociable y animada del sector. En el suroeste se sitúa el desierto de Gobi y el Himalaya, donde las familias tenían que trabajar unidas y forjar fuertes relaciones para sobrevivir.

古代的才智

En el oeste y el noroeste empezaba la Ruta de la Seda, que iba del oeste al Oriente Medio y permitía traer nuevas ideas e influencias a China. La Gran Muralla se extendía a lo largo de la frontera noroeste, norte y noreste para proteger China de los invasores.

El chi dentro del cuerpo

Los maestros que practicaban el feng shui también consideraban el cuerpo humano como un territorio. El entorno era como el «paisaje exterior» y el cuerpo como el «paisaje interior». Los dos paisajes se relacionaban y se afectaban el uno al otro; especialmente, el paisaje más grande que rodeaba a las personas afectaba al paisaje más pequeño del cuerpo.

Al igual que un paisaje externo, el paisaje interno del cuerpo tiene una parte «dragón», izquierda, y una parte «tigre», derecha. La cabeza corresponde al noreste, norte y noroeste. El noreste gobierna el aprendizaje y la espiritualidad; el norte está relacionado con la protección (como la protección que da el cráneo) y el progreso, y el noroeste está relacionado con la eliminación de los obstáculos. El centro del cuerpo, situado unos 5-8 cm debajo del ombligo, contiene un área que se llama «horno» (*tan tien*), donde se cree que se genera la energía física. Los sistemas digestivo y urinario son como los riachuelos largos y las cascadas que eliminan los residuos y ayudan al cuerpo a funcionar correctamente.

Canalizar las energías del cuerpo

Los taoístas, al igual que el Tao, veían el cuerpo como una unidad. Mientras todas las partes cooperaran las unas con las otras, el cuerpo se mantendría sano; sin embargo, si hubiera un conflicto, lo destrozarían. La gente podía aumentar la libre circulación de chi por todo el cuerpo siguiendo prácticas como el tai chi, la acupuntura, la medicina china y las artes marciales, especialmente el kung fu. Estas disciplinas fueron diseñadas para controlar o minimizar las energías obstruidas y alteradas de la misma manera que el feng shui lo hizo con los entornos de la gente. Como seguidor de las enseñanzas taoístas, todos los días practico el tai chi, el chi kung y la meditación. En el tai chi, se empieza trabajando en el centro del cuerpo y se sigue hacia los ocho puntos de la brújula, reuniendo, moviendo y protegiendo las energías naturales del cuerpo.

Las tradiciones del feng shui en la actualidad

La mezcla de tradición y simbolismo que se desarrolló en la antigua China formó las bases de las cuatro escuelas de feng shui que existen hoy en día: la Escuela de la Forma, la Escuela de la Brújula, la Escuela de las Estrellas Voladoras y la Escuela del Sombrero Negro. Este libro está basado en las disciplinas que considero más tradicionales: la Escuela Taoísta de la Forma, que se centra en las formas de paisajes, montañas, valles y agua, y la Escuela de la Brújula, que se basa en los ocho puntos principales de ésta. Utilizo estos métodos en mis consultas y creo que le proporcionarán un amplio abanico de técnicas antiguas para una vida moderna eficaz y armoniosa.

LA REALIDAD DEL HOGAR ES EL ORDEN,
LA BENDICIÓN DEL HOGAR ES LA SATISFACCIÓN,
EL ESPLENDOR DEL HOGAR ES LA HOSPITALIDAD.
PROVERBIO CHINO TAOÍSTA

LOS PRINCIPIOS DEL FENG SHUI

El aliento del dragón

El feng shui comprende un amplio abanico de remedios, tanto tradicionales como modernos, para armonizar y canalizar el chi dentro de un espacio. Estas curas pueden ser tan simples como tener un buen diseño interior, distribuyendo de manera agradable las habitaciones y escogiendo atractivos colores, lámparas, muebles y accesorios. Sin embargo, creo que es mejor tener unas nociones de las teorías del feng shui, ya que así las podría poner en práctica con cuidado y plena comprensión.

En este capítulo resumo los principios con los que trabajará y, a continuación, le doy unos cuantos consejos sobre cómo aplicarlos. Esta información le lleva a la sección 2, donde le muestro, más detalladamente, cómo actúa el feng shui en las diferentes habitaciones y espacios.

Tres tipos de suerte

En Occidente sólo decimos que alguien tiene suerte, pero en Asia oriental, especialmente en China, le dirán el *porqué* alguien es afortunado. Los chinos dicen que hay tres niveles de vida: el divino, el terrestre y el humano («gente»). En una moneda china antigua, por ejemplo, el borde externo simboliza el cielo, el centro representa la gente y el agujero cuadrado del medio simboliza la tierra.

Cada nivel está asociado con una clase de suerte. La suerte divina es el saldo de buenos y malos actos que habrá heredado de muchas vidas anteriores. Estará en números positivos o rojos, y este estado afectará a su vida presente. La suerte del hombre, llamada a veces «mérito», tiene que ver con sus acciones y actitudes. Los buenos actos y pensamientos de esta vida pueden afectar el karma de las vidas anteriores. (Como un taoísta/

EL PRINCIPIO DE INTERCAMBIO DE LOCARD

Todo contacto deja rastro. Esta afirmación, formulada por el médico forense francés Edmond Locard, es conocida como el principio de intercambio de Locard. Significa que cuando entra en un sitio, deja algo ahí y se lleva algo de ese lugar cuando se va. Esta idea también se produce en el feng shui. Su chi se mezcla constantemente con el chi que le rodea, así que la energía de su entorno le afectará poderosamente.

budista, intento, constantemente, mejorar mi mérito para aumentar mi equilibrio de suerte divina.) La suerte terrestre es la mezcla de energías de su entorno que le envuelven y le afectan.

El feng shui actúa, sobre todo, en su suerte terrestre, así que puede afectar un tercio de su suerte total. Sin embargo, también puede hacerle sentirse más positivo y amable, y animarle a ser más considerado con los demás y con su entorno; estos cambios también mejoran su mérito que, en última estancia, beneficia su suerte divina.

Tao y chi

Los principios del feng shui están basados, principalmente, en las enseñanzas del taoísmo (*véase* pág. 25). Podemos recurrir al Tao, la fuente de la energía chi de nuestro alrededor, utilizando las vibraciones de los colores, de los objetos y de la luz apropiada de un espacio.

El yin y yang, opuestos que se atraen y se complementan, provienen del Tao (*véase* página siguiente). A su vez, el yin y el yang engloban los cinco elementos: tierra, agua, fuego, metal y madera (*véase* pág. 33). Estas energías están siempre moviendo, cambiando y ajustando su relación las unas con las otras. Todo está creado desde los opuestos yin/yang (negativo/positi-

vo, oscuridad/claridad) que intentan unirse o ayudarse el uno al otro, y forman una mezcla o una «alquimia» (*lien chin shu*) de los cinco elementos. Lo único constante en el Tao es el cambio.

Yin y yang

Todos los objetos están formados de una mezcla de chi yin y yang. El chi yin es más estable, terrenal, pasivo y receptivo. El chi yang es más fuerte, positivo y transformador. En un principio, la palabra *yin* se refería a la parte oscura de una colina o de una montaña, donde no llegaban los rayos del sol, y el yang a la parte iluminada por el sol. El significado del yin y del yang se extendió de la misma manera que lo hizo el feng shui, primero sólo se utilizaba en los espacios de las tumbas, luego en las cosechas, hasta que se llegó a utilizar en las casas y en los jardines. (Los conceptos de energía positiva y negativa se encuentran, incluso, en la física moderna, como en las partículas cargadas negativa o positivamente.)

El ciclo yin-yang

La ilustración de la siguiente página muestra las dos formas de chi. Las áreas oscuras representan el yin y las claras o blancas el yang. Los puntos de dentro de cada área y la línea curvada entre las dos áreas muestran cómo las energías se entremezclan, así pues el yang contiene yin y viceversa. La forma circular representa la manera en que las energías siguen un ciclo, cambiando constantemente y procurando unirse. Cuando el yang alcanza su punto máximo se crea el yin, y viceversa.

El feng shui es una mezcla meticulosa de yin y yang. Un yin total o un yang total no es bueno; necesitamos una combinación de ambos para conseguir armonía. La naturaleza hace un trabajo estupendo equilibrando las dos energías, pero los entornos y las actividades humanas interrumpen constantemente este equilibrio. Una casa puede fomentar más una energía yang activa o puede estar orientada hacia una energía yin más pasiva, y cada habitación tiene su propio equilibrio energético. Al decidir qué desea conseguir de su entorno puede obtener el equilibrio correcto entre yin/yang (*véase* pág. 134).

CUALIDADES DEL YANG

Fuerte
Luminoso
Positivo
Transformador

CUALIDADES DEL YIN

Estable
Oscuro
Pasivo
Receptivo

Los Cinco Elementos

El yin y el yang, formas opuestas de energía que se atraen y se complementan mutuamente, provienen del Tao, la energía esencial del universo. A su vez, las formas conocidas como los Cinco Elementos: tierra, agua, fuego, metal y madera, provienen del yin y del yang.

Estos elementos son distintos a los cuatro elementos de aire, fuego, tierra y agua que son familiares en la cultura occidental; se definen como «fuerzas» o «circulaciones» más que sustancias reales. Se conciben como remolinos móviles de chi, que cambian constantemente. En chino, los Cinco Elementos se llaman *wu hsing*, «las cinco cosas que se están haciendo». No provocan que pasen cosas buenas o malas, más bien crean unas circunstancias en las que ciertos acontecimientos tienden a ocurrir.

Estos elementos están asociados con los puntos de la brújula (*véase* pág. 23) y se muestran en el pa kua, plantilla de diseño que se utiliza para delimitar los sectores de un espacio en feng shui (*véase* pág. 140). La madera representa el este (y sureste); el fuego, el sur; el metal, el oeste (y noroeste), y el agua, el norte. La tierra, o equilibrio, es el balance natural de los otros cuatro elementos, y aparecen en el centro del pa kua.

En feng shui, los objetos y colores simbólicos se utilizan para estimular la energía de los elementos. Los símbolos más evidentes son el fuego y el agua, las piedras (tierra), y los objetos de madera o de metal. Cada elemento también está asociado con ciertos colores; por ejemplo, el rojo simboliza fuego, los amarillos y marrones representan la tierra, y el blanco y el gris simbolizan el metal.

Los ciclos de chi

Cada elemento está asociado con una forma específica de chi. La madera representa el nacimiento de la mañana, de la primavera y el crecimiento de las cosas. El fuego representa el mediodía y el verano: el estado de máxima vitalidad. El metal, relacionado con el atardecer y el otoño, es un estado decadente de modelos variables. El agua, asociada con la noche y el invierno, es un estado de reposo. Siguen el ciclo de yin y yang; el fuego es, mayoritariamente, yang, y el metal y el agua, yin.

El chi puede ir de un elemento a otro de dos maneras conocidas como el Ciclo Constructivo y el Ciclo Destructivo. Ambos ciclos se muestran en la página siguiente. En el Ciclo Constructivo, el chi sigue un camino circular. Cada elemento da energía útil a los de cada lado; por ejemplo, el agua apoya la madera y el metal, y la madera apoya el agua y el fuego. Sin embargo, en el Ciclo Destructivo el círculo está interrumpido. El chi de cada elemento se mueve en líneas rectas, evitando el próximo elemento y controlando el siguiente.

Usar los ciclos

Ambos ciclos son importantes para crear buen feng shui. Los elementos serviciales del Ciclo Constructivo pueden estimular el chi beneficioso en un sector del pa kua. Por ejemplo, las características del agua pueden aumentar la energía del sector sureste del pa kua que está gobernado por la madera.

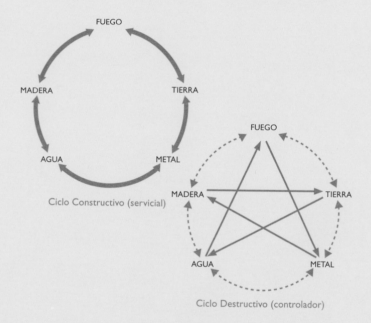

Ciclo Constructivo (servicial)

Ciclo Destructivo (controlador)

Por otro lado, los elementos del Ciclo Destructivo se pueden bloquear mutuamente, así que los puede utilizar para crear barreras protectoras de energías perjudiciales. El Ciclo Destructivo es, particularmente, útil en los cuartos de baño, ya que si le añade símbolos de tierra a la decoración puede controlar la energía de agua que domina en esa estancia.

Las Ocho Ubicaciones

Cada punto cardinal de la brújula (norte, sur, este y oeste) está asociado con una forma específica de chi (*véase* pág. 23). Los otros puntos principales (noreste, noroeste, sureste y suroeste) también están relacionados con unas energías particulares. El chi no sólo se diferencia en cada posición de la brújula, sino que cada forma de chi también representa distintos aspectos de su vida. Estos puntos forman las Ocho Ubicaciones reconocidas en el feng shui.

TRIGRAMAS Y NÚMEROS DEL CUADRADO MÁGICO

- **NORTE (1)** gobierna la profesión y el progreso. El chi está calmado y tranquilo, pero también es fuerte, estable y protector.
- **NORESTE (8)** se relaciona con la espiritualidad, el conocimiento y el aprendizaje. El chi es agudo y variable.
- **ESTE (3)** gobierna la salud, la familia, la ambición y la longevidad. El chi es nutriente y promueve el crecimiento.
- **SURESTE (4)** representa la «riqueza de la vida». En este sector el chi trae buenas oportunidades.
- **SUR (9)** simboliza la fama, la sociabilidad y la comunicación. El chi en este sector es ardiente y apasionado.
- **SUROESTE (2)** es el sector asociado con las parejas, el romance y las relaciones físicas. El chi es calmado y sólido.
- **OESTE (7)** representa los niños, el placer, la creatividad y los proyectos nuevos. Su energía es animada, imprevisible y puede ser peligrosa.
- **NOROESTE (6)** se asocia con los mentores o con las personas serviciales, con los encuentros importantes y con la eliminación de obstáculos. En este sector el chi es fuerte y alentador; los chinos dicen que es «como un padre bondadoso» (*jen t'zu*).

A los puntos se les llaman «ubicaciones» más que «direcciones» porque se refieren a los sectores de un espacio (como porciones) en las que se sitúan los colores u objetos, más que las direcciones en las que estos artículos están encarados. Las Ocho Ubicaciones están reflejadas en el pa kua (*véase* pág. 140). Cada una está asociada con un elemento en particular, con un grupo de colores y con un número en el «cuadrado mágico» (*véase* a continuación). Además, cada una está representada por un trigrama (*véase* página anterior), que es un símbolo que muestra la mezcla de las energías yin y yang. Cada trigrama está compuesto por tres líneas: líneas rotas (yin), líneas continuas (yang) o una combinación de ambas.

Las ubicaciones en su casa

Cuando aplique el pa kua en su casa o en cualquier otro sitio (*véase* pág. 18), simplemente necesita delimitar qué orientación tiene cada habitación. Recuerde que los límites son aproximados; cada punto se mezcla con el siguiente, así pues no puede tener un pie en el norte y otro en el noreste de manera exacta.

En el punto central del pa kua (*tai chi*) hay un flujo de energía muy especial porque tiene las energías de yin y yang que se arremolinan a su alrededor.

Cuando trabaja en una zona, debería dejar siempre el espacio del *tai chi* limpio, asegurándose de que no esté nunca bloqueado.

El cuadrado mágico (*lo shu*)

El *lo shu*, o cuadrado mágico, es otra herramienta tradicional en feng shui. Es un cuadrado dividido en nueve pequeños cuadros en el que cada uno contiene un número del 1 al 9. Si suma los números de manera horizontal, vertical o diagonal, siempre dan 15.

Se cuenta que el *lo shu* lo descubrió un sabio taoísta que vio salir lentamente una tortuga de un río y notó que tenía unas marcas peculiares en el

caparazón. (En la China antigua, un método para adivinar el futuro consistía en observar las marcas del caparazón de las tortugas.) El sabio se dio cuenta de que los cuadros del caparazón tenían un número de marcas que iban del 1 al 9.

El cuadrado mágico y el pa kua

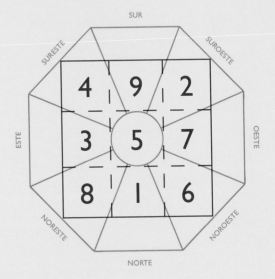

El simbolismo de los números

Los números del cuadrado mágico se incluyen en el pa kua y cada uno de ellos está asociado con un punto en concreto. Por ejemplo, el 1 representa el norte y simboliza el principio de todas las cosas, y el 9 representa el sur y simboliza la realización y el éxito. Otros ejemplos son el 2, que representa el suroeste y simboliza las parejas enamoradas, y el 7, que representa la creatividad del oeste. Los números más favorables son el 1 y el 9; este último es extremadamente afortunado porque está formado por el 8, que simboliza la tierra, y por el 1, que simboliza el cielo, la mezcla perfecta o «alquimia». El número más poderoso es el 5 porque representa el centro o *tai chi*.

El *lo shu* también está asociado con el ciclo de energía de yin y yang. Los números pares tienen energía yin y los números impares energía yang. En la creencia china antigua, 15 (la suma de los números de cada fila, columna o línea diagonal del cuadrado) es el punto medio del ciclo lunar o el número de días que tarda la luna nueva en ser luna llena. Representa la transición de la luna creciente a menguante, cuando la energía va de yang a yin.

El chi bueno y el malo: el aliento del dragón

Los antepasados chinos se referían al chi con una combinación perfecta de yin y yang, como «el aliento del dragón» (*sheng chi*). Describieron el chi bueno como un flujo constante (*liu tung*) o variable y móvil (*tung te*). Los profesionales en feng shui eran conocidos como «los maestros dragones», cuyo trabajo era «encender el ojo del dragón», en otras palabras, trabajar en el chi de dentro y de alrededor de un edificio para activarlo y estimular un flujo beneficioso.

Cuando el feng shui se desarrolló por primera vez (*véase* pág. 22), la gente identificaba el aliento del dragón con las montañas protectoras y las colinas que producían madera, frutos y agua. Se creía que si la energía era demasiado yang y fuerte atacaría a las casas, a las cosechas y a las tumbas, y si el aliento del dragón era demasiado yin y lento, traería enfermedades y malas cosechas. (En realidad, el chi malo puede ser o demasiado «feng», como un viento violento, o demasiado «shui», como el agua estancada.)

Estimular el aliento del dragón

El concepto de aliento del dragón sigue siendo importante en el feng shui actual. Lo ideal sería que el chi se moviera en el espacio de forma moderada y serpenteante, ni estancada ni precipitadamente. Estas corrientes suaves son una fuente de claridad mental, salud y de satisfacción.

El chi que vaya en líneas rectas será demasiado yang y producirá estrés, frustración e ira. Una forma de chi yang especialmente dañina viene de las «flechas venenosas», esquinas puntiagudas del exterior o del interior de su casa que le envían energía negativa. Por otro lado, el chi inmóvil, estancado, como el que se encuentra en un espacio oscuro, le puede deprimir. Por eso, necesita organizar los espacios y escoger muebles que ayuden a que el chi fluya constantemente de manera suave y serpenteante.

Tener moderación

Utilice los recursos de feng shui con moderación para que se adecuen a usted y a su entorno. Tenga cuidado en no excederse porque sólo conseguirá lo contrario de lo que deseaba.

Hay personas que al utilizar el feng shui caen en esta trampa: creen que cuanto más grandes y llamativos sean los adornos y los colores que utilizan, conseguirán mejores resultados. Esto no es verdad. Tal y como se dice en chino, «excederse en la medicina es convertirla en veneno». Por ejemplo, el agua y los símbolos de agua, como los espejos y el color azul, pueden ser energizantes, pero si coloca demasiados, producen energía excesivamente fuerte que, por tanto, se convierte en energía enemiga.

Los fundamentos del feng shui

La consciencia, el equilibrio y el control constituyen la base del feng shui. Seguir estos tres principios le ayudará a conseguir una mezcla perfecta de energía. Primero, necesita ser *consciente* del espacio que le rodea.

UTILIZAR EL FENG SHUI: LOS FUNDAMENTOS

La **consciencia** de las energías (*chih chueh te*) es el primer paso para utilizar el feng shui. Los chinos utilizan la expresión «la consciencia es un arma» (*chih hai te wu ch'i*). Observe minuciosamente las corrientes de energía en un edificio o en un jardín.

Después viene el **equilibrio** (*ping heng*). Para conseguir el equilibrio correcto para su personalidad y necesidades debe equilibrar el yin y el yang, y mezclar diferentes elementos para que la energía fluya a la velocidad deseada.

El **control** (*kuan li*) o tranquilidad (*chen ching te*) es el resultado ideal. Una vez que haya aplicado el feng shui correctamente, tendrá un ambiente agradable que le apoyará según van mejorando su salud, sentimientos y vida.

Mire las posiciones de las puertas, ventanas y esquinas, y busque hasta el último rincón. Podrá *controlar* y utilizar las energías eficazmente cuando *equilibre* el flujo de chi aplicando el feng shui.

La mezcla correcta de energías le apoyará, le animará y le protegerá cuando se enfrente con las exigencias de la vida cotidiana. Sin embargo, cualquier desequilibrio puede revelarse en su vida, como problemas, estrés o, incluso, enfermedad.

Aplicar el feng shui en la vida moderna

Utilizar el feng shui hoy en día significa encontrar soluciones que encajen en el mundo moderno. Por una parte, la vida del siglo XXI ofrece comodidades como la luz eléctrica, las estufas de gas, las pinturas multicolores, los muebles y la calefacción. Por otra parte, el entorno está alterado y contaminado por factores como los electrodomésticos en casa o las calles muy transitadas en el exterior. Por eso es importante poder controlar el chi que proviene de fuera de casa. El feng shui es una manera de «restablecer lo celestial en medio de lo mundano», devolviendo el chi positivo. (Para ejemplos específicos de los problemas actuales del entorno y las soluciones del feng shui, *véase* capítulo 12).

Trabajar con lo que tiene

La práctica del feng shui puede ser tan simple o tan compleja como quiera, pero deje que el sentido común sea su guía. Aunque el feng shui tenga elementos místicos, no tiene porqué utilizar remedios extraordinarios o hacer cambios radicales en su casa. Si trabajo junto con un arquitecto en la construcción de una casa podemos asegurarnos, desde un principio, que la estructura tenga un feng shui correcto. Sin embargo, al trabajar con una propiedad existente, no es preciso aplicar las medidas radicales que dan al feng shui una mala fama, como derribar paredes o mover la puerta principal.

El feng shui tradicional puede implicar el uso de objetos como Budas, sapos de tres patas, cristales y carrillones de viento. Si le gustan este tipo de adornos no dude en utilizarlos, pero no lo haga si no son de su agrado. En lugar de poner ciertos objetos para que le den suerte, amor o prosperidad, debería trabajar en las energías generales de un espacio. Lo paso muy bien cuando trabajo en un sitio donde la energía natural es buena, aunque no haya ni rastro de feng shui alrededor, sólo buen color y diseño.

Únicamente necesita trabajar con las cosas tal y como son. El objetivo es traer a su vida armonía y equilibrio con el entorno. Este libro le explicará cómo hacerlo, aconsejándole cómo combinar el yin y el yang, los Cinco Elementos y las Ocho Ubicaciones.

Hacer que ocurran cambios

Antes de empezar a trabajar, necesita determinar las intenciones que tiene para su propiedad (*véase* pág. 134). A continuación, debe encontrar el sector del pa kua que ocupa cada zona de la propiedad (*véanse* págs. 18-19), ya que así puede saber dónde están los mejores flujos de chi. Luego, necesita decidir cómo producir nuevo chi o aumentar el que ya hay, utilizando la información de las secciones dos y tres. Utilizar el feng shui le ayudará a asegurarse de que la energía está en armonía (*ho sheng*) y que trabaja con usted.

Solucionar problemas

Las soluciones del feng shui implican o aumentar el chi beneficioso o controlar el chi perjudicial. Puede mejorar el chi bueno recolocando los objetos en un espacio y limpiando el desorden; añadiendo luz utilizando espejos, focos o lámparas, o utilizando colores y plantas que favorezcan al sector del pa kua o que simbolicen un elemento «amistoso» (*véase* el Ciclo Constructivo de los elementos, pág. 35). Estos recursos ayudan al chi a fluir de manera suave y serpenteante. Para protegerse del chi perjudicial puede bloquear la energía utilizando el Ciclo Destructivo de los elementos (*véase* pág. 35), esconder el origen en un armario o detrás de un biombo o puerta, o, si es posible, eliminar el problema por completo.

Ponerlo todo en práctica

La próxima sección le enseña cómo poner en práctica todas estas ideas. Cada capítulo se ocupa de una habitación o de un espacio en particular. Explica cómo se debería mover el chi en esa estancia y da ejemplos de chi bueno y malo en acción. También hay un asesoramiento especial para ciertos problemas. Al final de los capítulos hay sugerencias sobre cómo aumentar el chi en esa habitación en concreto, dependiendo del sector del pa kua que ocupe.

HABITACIÓN POR HABITACIÓN

Esta sección le enseña cómo aumentar el chi en su casa, jardín y lugar de trabajo. No importa si su casa no es perfecta según los principios del feng shui; puede mejorar cualquier espacio. Encontrará sugerencias prácticas diseñadas para que encajen en su vida cotidiana y en sus gustos naturales en el diseño interior, así como soluciones innovadoras para crear la combinación de energías exacta para usted.

PUERTA PRINCIPAL, VESTÍBULO Y ESCALERAS
Boca

El chi entra en una casa a través de las paredes, de las puertas, de las ventanas y del tejado. La mayor parte entra a través de la puerta principal, que en feng shui se llama «boca» *(kou)*. Necesita dejar pasar el chi bueno a través del *kou*, pero no el chi malo; a este proceso se le llama «alimentar la boca, energizar el hogar».

Una vez dentro de la casa, el chi fluye a lo largo del vestíbulo, a través de las habitaciones y de las escaleras. Necesita mantener estas áreas despejadas para que el chi pueda circular sin restricciones y favorecer su casa.

Alimentar la puerta principal

La puerta principal, o *kou*, conecta su casa con el mundo exterior. Al igual que necesita la boca para comer, beber y respirar, el *kou* es vital porque deja que el chi entre en su casa; así pues, tiene que «alimentarlo» bien.

WU FU LIN MEN

Deje que las cinco bendiciones se acerquen a la puerta (*wu fu lin men*);
las bendiciones son salud, riqueza, longevidad, una buena vida y una
muerte natural.

| Salud | Riqueza | Longevidad | Buena vida | Muerte natural |

Una puerta principal protectora

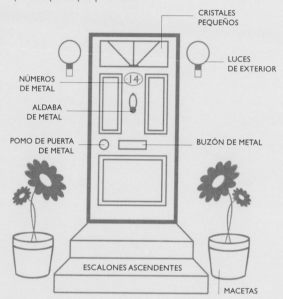

CRISTALES PEQUEÑOS

LUCES DE EXTERIOR

NÚMEROS DE METAL

ALDABA DE METAL

POMO DE PUERTA DE METAL

BUZÓN DE METAL

ESCALONES ASCENDENTES

MACETAS

Estos consejos son para una casa, pero sirven si vive en un piso.

Una manera de atraer el chi bueno es tener una buena iluminación tanto en la parte exterior como interior de la puerta. Necesita que haya una luz constante, no esas luces de seguridad que sólo se encienden unos minutos de vez en cuando; lo mejor es dejarlas encendidas toda la noche o, por lo menos, desde que oscurezca hasta que usted se vaya a dormir.

Lo ideal es tener una puerta maciza o que tenga sólo pequeños cristales. Una puerta con mucho cristal permite que la energía se escape: es como tener la boca abierta todo el rato. Puede detener esta pérdida poniendo una persiana enrollada en el cristal o una cortina detrás de la puerta.

Desviar el chi perjudicial

Compruebe las flechas venenosas que puedan apuntar chi perjudicial a su puerta (*véanse* págs. 126-127). Para desviar este chi utilice objetos de metal brillante, como aldabas de metal. Otra alternativa sería poner macetas redondas en ambos lados de la puerta con plantas adecuadas para el sector del pa kua (*véase* pág. 146). Si tiene un porche con pilares, éste protegerá la puerta, y si hay escalones tiene usted suerte: ¡las leyendas tradicionales dicen que los demonios no pueden subir escalones!

Para más protección, puede poner un adorno o una fotografía de un perro en el vestíbulo mirando hacia la puerta, ya que los perros emiten energía protectora. O, si tiene un perro, coloque su cama cerca de la puerta.

El umbral

Al entrar por la puerta principal a mano derecha ponga un símbolo de «corriente de agua» para estimular la corriente de chi. Podría tener una pequeña fotografía de una cascada, una concha, la maqueta de un barco o, incluso, un cuadro abstracto de color azul. O coloque un espejo redondo, con un marco que favorezca el sector del pa kua. Cuélguelo a la altura de la persona más alta de la casa, ya que así no le «cortará» la parte superior de la cabeza.

Asegúrese de que los símbolos de agua o el espejo no reflejen la puerta principal, ya que apartarían mucho el chi bueno que entra por el *kou*. No sitúe nunca un espejo o adorno de buena suerte enfrente de la puerta de la cocina o del cuarto de baño porque haría aumentar la mala energía (*pei pu shan te*) de esas áreas.

Mejorar el vestíbulo

El chi necesita hacer curvas y serpentear a lo largo del vestíbulo, y no ir en línea recta o encontrarse con obstáculos. Los vestíbulos anchos son los mejores, ya que dejan que el chi fluya sin problemas a través de la casa. Sin embargo, si su vestíbulo no se ajusta a lo ideal, puede utilizar luces para iluminar y otras medidas para mejorarlo.

Calmar el chi en un vestíbulo

Un vestíbulo largo y estrecho fuerza al chi a que vaya en dirección recta, como un río caudaloso en un barranco. El problema será más grave si hay tres puertas en línea, incluyendo la puerta principal y la trasera. Para estabilizar la corriente, coloque espejos de manera alternada a lo largo del vestíbulo para que el chi pueda fluir en zig zag. Cuelgue el primer espejo, como el símbolo de «corriente de agua», en la parte derecha de la puerta principal (*véase* El umbral, página anterior). Cuelgue el siguiente un poco más lejos en la parte izquierda, y así sucesivamente.

Allanar las esquinas de un vestíbulo

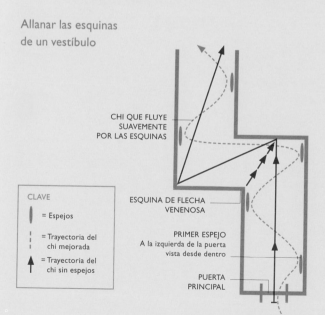

CHI QUE FLUYE
SUAVEMENTE
POR LAS ESQUINAS

CLAVE

▮ = Espejos

┊ = Trayectoria del
    chi mejorada

▲ = Trayectoria del
    chi sin espejos

ESQUINA DE FLECHA
VENENOSA

PRIMER ESPEJO
A la izquierda de la puerta
vista desde dentro

PUERTA
PRINCIPAL

入口

ASESORAMIENTO ESPECIAL

Problema: *tiene un vestíbulo largo y estrecho, pero no quiere llenarlo de espejos.*

Solución: si los espejos no son de su agrado, puede regular el flujo de chi colocando tablas de suelo perpendiculares al lado largo. Una solución aún más fácil es, sencillamente, colocar alfombras redondas antideslizantes y de colores apropiados para el sector del pa kua (*véanse* págs. 143-145) en distintos puntos del vestíbulo.

Si su vestíbulo tiene recodos acusados, los espejos contrarrestan las flechas venenosas de energía perjudicial procedentes de las esquinas. Ponga los espejos tal y como se muestra en el diagrama de la página anterior, para que estimulen el chi a fluir suavemente por las esquinas.

Trabajar con vestíbulos anchos

Si su vestíbulo es grande y ancho, el chi puede fluir demasiado lento. Para que el chi se mueva más deprisa, estimule la energía con colores vivos y con una luz más intensa. Las tablas de suelo colocadas en el sentido largo del amplio vestíbulo también pueden estimular la corriente de chi.

Los beneficios de las plantas

Las plantas grandes y de hojas anchas, como *Ficus* o *Monstera deliciosa*, pueden ser ideales para poner en un vestíbulo, siempre y cuando favorezcan el sector del pa kua (*véase* pág. 53). Si tiene dos puertas seguidas, coloque una planta al lado de una de ellas para que estabilice la corriente de chi. Las plantas también pueden aumentar el chi, especialmente en los espacios oscuros y en las esquinas de las paredes.

Equilibrar las energías en un vestíbulo

La mezcla ideal de chi en un vestíbulo debería ser un poco más yang para promover la fuerza, la protección y la actividad en su casa. Para estimular el chi yang, utilice mucha luz natural y colores vivos o neutros más que los pasteles.

Si su vestíbulo es oscuro, el chi será demasiado yin y lento. Para estimular el chi, añada colores un poco más fuertes en los accesorios pequeños; de esta manera puede aumentar el efecto sin pasarse.

La decoración también necesita tener «elementos amigos» (*yu shan te yao su*), que apoyen al elemento del pa kua del vestíbulo (*véase* Ciclo Constructivo, pág. 34). Por ejemplo, en el sector norte, donde gobierna el agua, los suelos de madera y las plantas pueden ser beneficiosos.

Estabilizar el chi disperso

En general, escoja artículos con rayas verticales, como barandillas, plantas altas y persianas verticales; las verticales simbolizan un crecimiento sano. Evite las líneas horizontales, como las molduras de zócalo (o cenefas) y estantes, porque escinden el chi dispersando la energía. Si tiene molduras de zócalo, pinte la pared y la moldura del mismo color para estabilizar el chi. El papel pintado o las moquetas con mucho estampado también interrumpen el chi. Si tiene un papel pintado «llamativo», puede colgar un reloj en la pared para solucionar este problema. Los relojes son ideales para los vestíbulos, ya que estimulan a la vez que estabilizan el chi.

Mantener el vestíbulo despejado

Intente tener su vestíbulo despejado, sin demasiados muebles ni desorden. Si es posible, guarde la ropa de calle y recoja los artículos, por ejemplo, en un armario debajo de las escaleras. Si en el armario hay una caja de fusibles o un contador de luz, coloque un cristal de amatista encima de la caja para ayudar a limpiar la energía negativa producida por la electricidad estática.

入口

Mantenga las puertas del vestíbulo cerradas siempre que sea posible, especialmente las de los cuartos de baño o cocinas. De hecho, no está mal acostumbrarse a cerrar las puertas para preservar y aumentar el chi en cada habitación.

Conservar el chi en las escaleras

Las escaleras pueden ser un reto según el feng shui porque el chi baja escaleras abajo como el agua. Las escaleras de caracol o de contrahuella abierta son especialmente malas; de hecho, tradicionalmente se describe las escaleras de caracol como un «puñal» (*pi shou*) que perfora un edificio.

Al final de las escaleras, puede colocar una alfombra ovalada o redonda de colores vivos. Si la ubicación del pa kua es apropiada, puede poner una planta de hojas anchas debajo o al lado de las escaleras. Coloque un baña-

Reducir el flujo de chi escaleras abajo

CLAVE

| = Trayectoria del chi normal
┊ = Trayectoria del chi mejorada
↓ = Bajada o subida del chi

BAÑADOR DE TECHO
Estimula el chi a moverse hacia arriba

CHI QUE BAJA LAS ESCALERAS

REDUCIR LA PÉRDIDA
El flujo del chi que baja es más ligero

LAS PLANTAS DEBAJO DE LAS ESCALERAS TAMBIÉN AUMENTAN EL CHI

LA ENERGÍA POSITIVA VA HACIA ARRIBA

dor de techo o una lámpara debajo de las escaleras abiertas o de caracol, o plantas trepadoras verdes en el borde exterior de las escaleras.

Nunca sitúe mesas, sillas o teléfonos debajo de las escaleras, ya que éstas «aplastan» el chi, lo que puede reducir su propio chi. Si el espacio está abierto, coloque una lámpara o una planta grande para aumentar el chi.

La escalera enfrentada a la puerta principal deja escapar el chi. Instale focos, uno apuntando a la puerta principal y otro hacia la escalera, «separándolas».

Un cuadro inspirador orientado a la parte superior de las escaleras atrae el chi servicial. Los temas serán adecuados para el sector del pa kua; por ejemplo, un cuadro abstracto en el oeste puede aumentar la energía creativa.

Ubicación, ubicación, ubicación

Norte: un vestíbulo al norte le puede hacer sentirse solo, pero puede solucionar este problema aumentando el chi del sur de la casa. Símbolos de madera, como los suelos de madera y las plantas, son beneficiosos en el norte.

Noreste: el chi en un vestíbulo al noreste puede causar frustración, pero puede contrarrestar este problema con colores de tierra e intensa luz. Los adornos de metal brillante o de cristal y los floreros también aumentan el chi.

Este, sureste, sur: estos sectores son perfectos para las puertas principales y los vestíbulos; el chi propicia el crecimiento, la ambición y el éxito. Puede aumentar la energía con suelos de madera y con algunas plantas de hojas anchas.

Suroeste: un vestíbulo en el suroeste le da a la casa un aire de santuario, pero la energía es un poco lenta. Si necesita activarla, utilice colores encendidos, luz intensa y adornos de cristal o de metal brillante.

Oeste, noroeste: un vestíbulo en el oeste promueve la creatividad. El chi en el noroeste ayuda con la determinación, la autoridad de los padres y la eliminación de obstáculos. Los adornos de metal aumentan la energía.

SALÓN
Energía viva

El chi en un salón necesita estar equilibrado de energía activa yang para apoyar el placer y las actividades sociales. Asegúrese de que tiene chi positivo en la habitación y, entonces, déjelo circular libremente. Las formas fuertes, las plantas, los relojes y los adornos pueden ayudar a aumentar el chi y a hacer de su salón, según el feng shui, «un lugar de resplandor».

Distribuir su salón

Los salones necesitan estar bien iluminados. Deje entrar tanta luz natural como sea posible. Las luces y las lámparas, especialmente los focos, moverán el chi hacia arriba, convirtiéndolo de yin a yang. Sin embargo, evite tener grandes lámparas colgando del techo directamente encima de las cabezas de las personas, ya que hacen que la energía yang sea demasiado dominante y discordante.

Para mantener la corriente de chi libre, coloque los muebles alrededor de los bordes de la habitación. Deje el centro (*tai chi*) despejado, a no ser que ponga una mesita de tal manera que no bloquee el centro muerto de la habitación. Coloque las sillas y los sofás contra las paredes macizas para que sus ocupantes se sientan seguros. Según el feng shui, los asientos no deberían estar de espaldas a las puertas o ventanas porque dejan a los ocupantes en una posición vulnerable. Asegúrese de que hay más que suficiente espacio alrededor del mueble porque si no el chi no puede circular libremente

Mejorar las áreas problemáticas

Para crear el flujo de chi ideal necesita encontrar y solucionar las zonas problemáticas. Una fuente común de chi perjudicial proviene de las flechas venenosas, creadas por los bordes afilados o por las esquinas que apuntan a las personas.

Un salón bien distribuido

FOCO

TV/DVD/ VÍDEO

ESTANTES/ PLANTAS

HOGAR   CHIMENEA

MESITA

MESA

VENTANA

SOFÁ

SILLA

PUERTA   SOFÁ   MESAS   FOCO

Las flechas venenosas emiten energía rápida que puede causar tensión en las personas. Puede neutralizar los bordes o las esquinas cubriéndolas con plantas trepadoras. Las líneas horizontales de los estantes, llamadas «líneas estranguladoras» (*chiao ssu*), también pueden interrumpir el chi. Los estantes con puertas frontales de vidrio prevendrán este problema; de lo contrario, mueva los libros para que sobresalgan por encima de los bordes de las estanterías, para interrumpir las líneas estranguladoras.

Los espacios oscuros, como los que rodean una chimenea, pueden acumular grandes cantidades de chi estancado, pero sus bordes forman flechas venenosas. Intente evitar asientos en espacios oscuros porque el chi puede hacer que las personas se sientan apáticas. Para hacer que el chi se mueva y para romper las flechas venenosas, coloque plantas de hojas anchas en el espacio oscuro, si el sector del pa kua lo permite (*véase* pág. 61), con algunas ramas por encima de los bordes, y cuelgue espejos en las paredes salientes. Otras soluciones posibles, si se adaptan al sector del pa kua, son los focos, los elementos de agua, las lámparas de lava, los televisores y los equipos de música.

Proteger las ventanas

Compruebe las ventanas para ver si hay flechas venenosas fuera de su casa (*véanse* págs. 126-127), como las esquinas de los edificios que puedan enviar chi perjudicial directamente a su salón. Para desviar la energía de una flecha venenosas, cuelgue persianas verticales. Como alternativa, puede colocar objetos protectores en el alféizar de la ventana mirando hacia las flechas venenosas. Los perros son una buena fuente de protección, así pues, si tiene un perro puede poner su fotografía en la ventana. Los cristales de cuarzo transparentes también son un buen remedio, pero si lo prefiere puede utilizar un bol o una licorera de cristal.

Equilibrar los colores

Generalmente, los colores vivos combinados con otros más neutros son ideales para un salón. Para dar vida al salón puede darle toques atrevidos de color con los cojines, las alfombras, las cortinas y los cuadros. Cuanto más intensos sean los colores, más rápido se moverá el chi. Los colores vivos producen energía yang; los colores pálidos u oscuros emiten energía yin.

Si un color no es el adecuado para un sector o si el color correcto no es de su agrado para la decoración, no tiene que redecorar, sólo ponga un mueble, una alfombra, un cojín o una planta del color adecuado según el feng shui encima del color erróneo. En feng shui, a esto se le llama «poner la venda». La energía del objeto situado encima domina la energía del color de abajo.

Vigas

Las vigas de madera simbolizan un chi que presiona hacia abajo y reducen la energía de cualquier cosa (o persona) debajo de ellas. Intente evitar asientos justo debajo de una viga. Si no puede evitar este problema, hay varios pasos para hacer que las vigas sean más «ligeras» y menos agobiantes.

Si las vigas son pequeñas y no le importa disimularlas un poco, puede pintarlas del mismo color que el techo para que no se noten tanto. De lo contrario, puede aumentar la energía utilizando un cuadro u otro objeto que simbolice el movimiento hacia arriba.

Una solución tradicional es colgar abanicos abiertos o flautas de bambú, aunque esto no quede demasiado acorde con las casas modernas. También puede utilizar cuadros de pájaros volando o de globos aerostáticos que se elevan. Las plantas grandes debajo de las vigas funcionan muy bien, al igual que los focos que iluminan directamente la viga. Recuerdo que en una casa pusieron hélices de madera, de un avión de época, a lo largo de la viga. ¡Quedaba genial!

Chimeneas

Todos los buenos salones necesitan un punto focal. Una chimenea encendida, sea con madera, carbón, gas o electricidad, puede formar un centro perfecto. El fuego puede dar a la habitación una sensación acogedora. Además, eleva, calienta y mueve la energía.

Las ubicaciones ideales para las chimeneas son el este, el sureste, el sur, el suroeste y el noreste. Para estimular la energía de fuego en esos sectores, cuelgue sobre la repisa de la chimenea un cuadro de amapolas o de girasoles, o uno con colores que simbolicen el fuego. Coloque plantas, flores o un biombo frente a la chimenea cuando no la utilice. Poner un espejo aquí es una mala opción, ya que representa el agua y «apagaría el fuego» (*hsi mieh*).

El oeste, noroeste y norte son sectores desfavorables para una chimenea porque el fuego entra en conflicto con los elementos predominantes (el metal en el oeste y el noroeste y el agua en el norte). No obstante, puede superar el problema utilizando los elementos del Ciclo Destructivo. Colgar

Una chimenea en un sector del pa kua favorable

CUADRO
DE FLORES DE
COLORES VIVOS
Apoya la energía
de fuego

Una chimenea en un sector del pa kua desfavorable

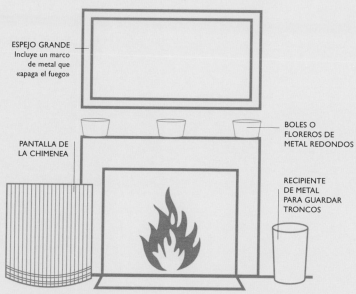

ESPEJO GRANDE
Incluye un marco de metal que «apaga el fuego»

PANTALLA DE LA CHIMENEA

BOLES O FLOREROS DE METAL REDONDOS

RECIPIENTE DE METAL PARA GUARDAR TRONCOS

ASESORAMIENTO ESPECIAL

Problema: tiene una chimenea antigua y muy bonita, pero está en el sector equivocado del pa kua.

Solución: no tiene que quitar la chimenea por el feng shui. Déjela y disfrútela, pero trabaje con los elementos del Ciclo Destructivo para controlar el chi. Un espejo grande y vistoso y adornos de metal alrededor de la chimenea ayudan a equilibrar la energía.

生气

un espejo grande sobre la chimenea para «apagar el fuego» es una buena idea. Combine el chi de agua y de metal escogiendo uno con marco ornamental metálico (o de madera plateada o dorada). Puede poner un televisor de plasma: funciona de espejo cuando está apagado.

En el oeste o noroeste, los adornos redondos de cromo brillante, acero inoxidable, latón o cobre también funcionan para «apagar el fuego».

En el norte utilice plantas trepadoras como la hiedra que simboliza la caída de agua. Colóquelas en ambos lados de la repisa de la chimenea.

Sonido y energía

La vibración de los sonidos, como la música o las voces, es una manera excelente de estimular el chi. El feng shui enseña que todo está formado por vibraciones, y si usted crea las vibraciones correctas a su alrededor, éstas apoyarán y fortalecerán su energía.

Un televisor, una radio o un equipo de música pueden crear chi beneficioso. Los artículos eléctricos, televisores, radios y relojes de pilas, activarán el chi yang en cualquier lugar. Son útiles para aumentar la energía en los espacios oscuros o en los miradores para protegerle de las flechas venenosas. Si toca un instrumento musical, éste puede ser otra buena fuente de sonido.

Adornos y cuadros

Recuerde lo más importante: rodearse de una decoración que le guste. Muchas personas tienen una mezcla de artículos que heredan y otros que han escogido ellas mismas. Si le gustan, quédeselos, pero si no son de su agrado, regálelos a alguien. Las antigüedades retienen energía de los antiguos propietarios, así que para beneficiarse completamente de ellas, intente averiguar su historia.

Lo ideal sería que los cuadros fueran alegres y atractivos. Intente evitar las escenas de caza, los paisajes desolados, con figuras solitarias, o imágenes con

significado triste. Para mejores resultados, combine el sujeto y los colores principales con el sector del pa kua.

Las plantas beneficiosas

Las plantas de hojas anchas, como *Ficus* o *Monstera deliciosa*, son las mejores para estimular el chi. Si no quiere plantas naturales, las artificiales, de plástico o de seda, también van bien. El popurrí ayuda por su fragancia. Sin embargo, evite las flores secas: tienen energía estancada.

Ubicación, ubicación, ubicación

Norte: eleve el chi en un salón situado al norte con símbolos de madera, como verdes y plantas o símbolos de metal: color crema, cromo y acero inoxidable. Para estimular su profesión, inténtelo con agua o símbolos de agua.

Noreste: aquí el chi es ideal para recargar su energía. Céntrese en símbolos de tierra, colores terracota o amarillo, el granito o el mármol y la cerámica sin esmaltar. Añada toques de metal. Los aparatos eléctricos promueven el aprendizaje.

Este, sureste, sur: en los salones al este y sureste, el chi propicia el crecimiento y la «riqueza de la vida»; al sur aumenta la sociabilidad. Utilice muchos símbolos de madera: el color verde, las plantas y cuadros de paisajes o flores, con toques amarillos y rojos. Los símbolos de agua en el sureste pueden ayudar a incrementar la prosperidad.

Suroeste: este sector tiene una energía relajante que nutre las relaciones. Mezcle tierra con metal, como en el noreste.

Oeste, noroeste: los salones en estos sectores pueden estimular la energía, la determinación y las ideas creativas. La combinación ideal de chi es el metal, como los colores blancos, cremas y acero inoxidable, junto con símbolos de tierra.

COMEDOR
Digestión fácil

En la antigua China, el comedor era como el corazón de la casa (*hsin tsang*). Se creía que era un centro de riqueza: no sólo en términos de dinero, sino también en «riqueza de la vida» (*sheng ming ts'ai fu*), calidad de vida y relaciones de base sólida.

Un espacio cómodo

La habitación necesita mantener la energía cálida, calmada y lenta para fomentar la «digestión fácil» (*hsiao hua jung i te*). Debería sugerir la buena comida, el placer y la relajación. Lo ideal es que tome las comidas principales en el comedor y pase mucho tiempo ahí, para beneficiarse de su energía.

Los comedores que son bastante anchos, rectangulares o cuadrados, tienen el mejor feng shui, pero puede sacar el máximo partido de cualquier espacio. Al igual que en el salón, necesita trabajar con los espacios oscuros, para ayudar a que el chi circule libremente (*véase* pág. 55).

Distribuir su comedor

En feng shui, lo mejor es tener el comedor separado del salón y de la cocina, y el chi de cada habitación debería sentirse diferente. Sin embargo, si no tiene comedor, una solución efectiva es marcar una separación entre la zona para comer y la cocina o el salón.

Una manera es utilizar un mueble, como una vitrina, un sofá o un biombo plegable. Si prefiere tener un espacio abierto, puede marcar la división utilizando lámparas, plantas grandes de hojas anchas y perennes o alfombras rectangulares que favorezcan el sector del pa kua. En el feng shui antiguo, estos elementos divisorios se llamaban «paredes de fortaleza» *(yao sai ch'iang pi)*.

Zona para comer en una cocina

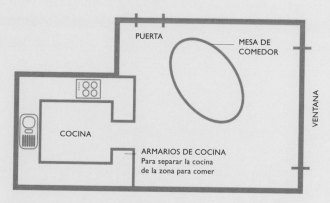

PUERTA

MESA DE
COMEDOR

VENTANA

COCINA

ARMARIOS DE COCINA
Para separar la cocina
de la zona para comer

Zona para comer en un salón

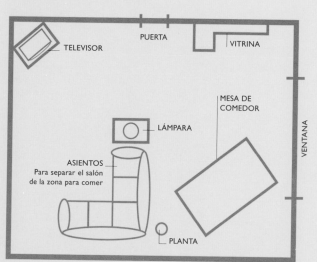

TELEVISOR

PUERTA

VITRINA

MESA DE
COMEDOR

LÁMPARA

VENTANA

ASIENTOS
Para separar el salón
de la zona para comer

PLANTA

Posición correcta e incorrecta de una mesa de comedor

CORRECTA

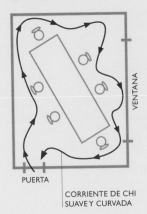

VENTANA

PUERTA

CORRIENTE DE CHI
SUAVE Y CURVADA

CORRECTA

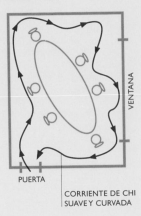

VENTANA

PUERTA

CORRIENTE DE CHI
SUAVE Y CURVADA

BASTANTE CORRECTA

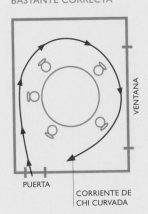

VENTANA

PUERTA

CORRIENTE DE
CHI CURVADA

INCORRECTA

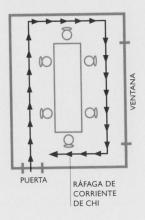

VENTANA

PUERTA

RÁFAGA DE
CORRIENTE
DE CHI

Elegir y colocar la mesa

La mesa de comedor tiene que ser grande, pero ha de caber en la habitación. Las formas ovaladas o redondas son las mejores, pero si su mesa es rectangular, puede equilibrarla con formas redondas, como con alfombras en el resto de la habitación.

Lo mejor es colocar la mesa en el centro del comedor, así el chi podrá fluir de manera suave y curvada alrededor de la habitación. Si coloca la mesa recta y paralela a las paredes, el chi se canalizará en línea recta a través de la habitación o alrededor de sus bordes y podrá quedar atrapado en las esquinas. Si el comedor tiene dos puertas una enfrente de la otra, el chi irá de una puerta a otra; colocando la mesa de manera desviada o en una esquina hará que las personas que se sienten ahí estén apartadas de la corriente rápida de energía.

Posiciones de la mesa y de los asientos

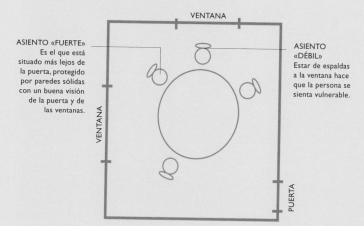

VENTANA

ASIENTO «FUERTE»
Es el que está situado más lejos de la puerta, protegido por paredes sólidas con un buena visión de la puerta y de las ventanas.

VENTANA

ASIENTO «DÉBIL»
Estar de espaldas a la ventana hace que la persona se sienta vulnerable.

PUERTA

Colocación de los asientos

En feng shui, es una práctica corriente sentar al familiar de más edad o a un invitado importante en el lugar del «invitado de honor». Este asiento es el más alejado de la puerta, con paredes sólidas detrás y con una buena visión de la puerta y de las ventanas. Si es posible, coloque todos los asientos de manera que ninguno de ellos dé la espalda a una puerta o a una gran ventana, ya que esta posición «débil» puede hacer que la persona se sienta insegura. Este problema es muy común con las mesas redondas.

ASESORAMIENTO ESPECIAL

Problema: quiere que su familia se siente a comer al completo, pero hay discusiones constantemente.

Solución: calme la energía en la mesa con luz cálida y colores pastel. Asegúrese de que nadie esté sentado en el asiento «débil», lo que podría hacerle sentir inseguro y a la defensiva. Sin embargo, si alguien insiste en discutir, puede intentar sentarlo en el asiento «débil» para hacerle menos dominante.

Poner la mesa

En general, los colores lisos y las formas simples son los mejores para propiciar la energía tranquila que necesita en la mesa. Si prefiere un estampado, opte por uno que tenga sólo uno o dos colores principales. Las rayas verticales van bien, ya que simbolizan la energía inspiradora. Sin embargo, los estampados recargados escinden el chi. Conserve sólo las piezas de la vajilla en buen estado y deshágase de platos, boles o vasos desconchados.

Aumente la energía de su comedor escogiendo salvamanteles, servilletas, manteles y velas de colores o materiales que favorezcan la ubicación en el

Presentación de la mesa

Un bol redondo lleno de fruta en el centro de la mesa es excelente en feng shui; cuanto más alimento enseñe, más «riqueza de la vida» poseerá. Muchas frutas tienen un significado especial: puede escoger las manzanas para mejorar la amistad, las peras para energía, los melocotones para salud y las naranjas para riqueza. También puede añadir otras frutas que le gusten.

Las flores también son una buena decoración. Las amarillas son ideales para aumentar la comunicación. Las flores de seda, papel o plástico también sirven. No utilice flores secas, ya que representan estancamiento.

pa kua (*véase* pág. 69). Puede utilizar manteles de colores y cerámicas para representar los diferentes elementos; por ejemplo, el blanco representa el metal, el verde significa madera y el amarillo simboliza la tierra. También puede aumentar la «riqueza» con vasos de cristal y con luz de velas.

Energía próspera

La mesa y la zona que la rodea necesitan estar «cargadas de suerte» (*chuang ho hsing yun*). Para cultivar la bondad del chi, tenga plantas grandes y con hojas suaves cerca de la mesa si encajan en el sector del pa kua. Los cuadros que le trasmiten placer o abundancia también ayudarán; podrían ser de flores, de fruta redondeada y de paisajes soleados.

No sitúe electrodomésticos, incluido el televisor y los equipos de música, en el comedor; su energía es demasiado yang. Además, quite los relojes, ya que son recordatorios inoportunos del paso del tiempo. Un comedor debería ser «eterno» (*yung yuan te*).

Calmar los colores

El chi en un comedor necesita más yin que yang para poder crear una sensación agradable y relajante. Para estimular el chi yin, centre la decoración en colores pastel o neutros. Los colores lisos son los mejores para grandes superficies como las paredes. Puede utilizar adornos y cuadros, o instalar objetos apropiados a la ubicación del pa kua, para añadir toques de colores vivos.

Intente evitar el papel pintado muy estampado, ya que fragmenta el chi. Si ya tiene este problema, soluciónelo poniendo cuadros abstractos con colores lisos y fuertes, apropiados para el sector del pa kua.

Iluminación y espejos

La iluminación debe ser suave y tranquila. Los apliques con regulador de luz son una buena idea, ya que puede cambiar el nivel de iluminación según su humor o para una ocasión especial.

Un espejo también suaviza la luz. Escoja uno con el marco adecuado para ese sector o con bordes biselados. Un espejo grande que refleje la mesa y muestre la comida, como un bol lleno de fruta, duplicará la «riqueza de la vida». Sin embargo, un espejo nunca debe reflejar una cocina o un cuarto de baño, porque duplicaría la energía negativa de esas áreas.

El agua de la vida

La corriente de agua limpia simboliza suerte, energía, salud y «riqueza de la vida». Una fuente pequeña o un acuario beneficiarán la mayoría de las zonas del pa kua. Como alternativa, puede tener uno o dos símbolos de agua, como conchas o un cuadro con una corriente de agua. Sin embargo, no utilice los símbolos de agua en el noreste, sur o suroeste; chocan con el chi de estos sectores.

Los peces de colores significan buena suerte y son ideales para un acuario. Tres o nueve son los números más beneficiosos; incluido un pez negro para representar la protección.

Ocasiones especiales

Puede utilizar la iluminación y la decoración para alterar la energía y crear diferentes ambientes. Para las comidas familiares o cuando tenga invitados, ilumínelo todo bien y decore la mesa con colores vivos para aumentar el chi yang y animar la comunicación. Para comidas románticas, escoja colores oscuros o pastel para la decoración de la mesa y leve iluminación o velas para ampliar la energía yin.

Ubicación, ubicación, ubicación

Norte: este sector gobierna el trabajo y el progreso; un comedor aquí es bueno para los invitados de negocios. Puede aumentar el chi con un adorno o un cuadro que simbolice agua; también puede incluir un paisaje.

Noreste: aquí el chi puede ser demasiado activo para un comedor. Sin embargo, puede calmarlo utilizando símbolos de tierra, como vasos de cristal.

Este, sureste, sur: estos sectores tienen excelente energía para los comedores familiares. En el este y en el sureste combine los símbolos de madera, como plantas y cuadros de paisajes, con algunos de agua, como una concha. En el sur aumente la energía de fuego con colores rojos y naranjas, y con cuadros de amapolas, girasoles, pájaros exóticos o estrellas de rock.

Suroeste, oeste: estas ubicaciones gozan de áreas tranquilas. Si tiene el comedor en el suroeste y quiere nutrir su relación de pareja, ponga un par de velas o floreros de colores brillantes. Para aumentar el chi en el oeste, opte por floreros redondeados o boles de metal brillante vacíos.

Noroeste: el comedor, en el sector «autoritario», es ideal para las cenas de negocios. Los floreros o boles de metal redondeados pueden asimismo aumentar el chi.

水
火
不
宮

COCINA
Rivales implacables, vecinos enfadados

Las cocinas son piezas necesarias, pero crear la mezcla de energía correcta para ellas puede suponer mucho esfuerzo. La cocina siempre será un cuarto yang con mucha actividad, pero las esquinas afiladas y los artículos eléctricos pueden hacer que el chi se mueva demasiado rápido. Otro problema importante es el choque entre los elementos de fuego y de agua, como el horno y el fregadero. En el feng shui antiguo se referían a estos elementos conflictivos como los «rivales implacables, vecinos enfadados». El choque entre ellos tiende a dividir y escindir el flujo de chi.

La «alquimia» *(lien chin shu)* del feng shui le ayudará a controlar estos posibles problemas. Generalmente, necesita equilibrar la energía cuidadosamente para estimular el chi activo y beneficioso. Este proceso implica utilizar tanto los elementos del Ciclo Constructivo como los del Destructivo (*véase* pág. 35). Además, evite las discusiones en la cocina, limite el número de bordes afilados e intente no pasar demasiado tiempo ahí. Prepare la comida y váyase a disfrutarla a su comedor.

La distribución de la cocina

La tarea más importante es saber dónde están los artículos de «fuego» y de «agua». El horno, la cocina (quemadores), el microondas y la tostadora pertenecen al elemento fuego, pero el fregadero, la nevera, el congelador, la lavadora y el lavavajillas pertenecen al elemento agua. El agua apaga el fuego.

La mejor distribución es un triángulo compuesto por el horno y la cocina, el fregadero y la superficie de trabajo; esta distribución evita cualquier choque de energías entre los principales artículos de fuego y de agua, y es práctica, al permitirle fácil movimiento entre las tres zonas. Otra distribución

La distribución en «triángulo» ideal

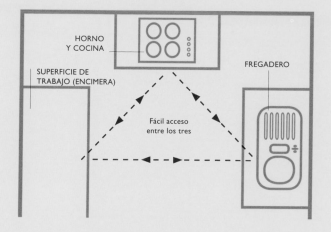

HORNO
Y COCINA

SUPERFICIE DE
TRABAJO (ENCIMERA)

FREGADERO

Fácil acceso
entre los tres

posible es el horno y el fregadero en la misma pared, pero separados por una superficie de trabajo.

Si va a reformar su cocina, evite colocar los «aparatos» de fuego y los de agua en el mismo lado o enfrentados: sus energías chocarán.

Separar el fuego y el agua

Aunque no pueda rediseñar su cocina, hay varias maneras de separar las energías de fuego y de agua. Un método es «apartándolas» utilizando la luz. Si tiene focos en la cocina, apunte uno hacia el «aparato» de agua y otro hacia el de fuego. Además, podría dirigir un tercer foco hacia la puerta de la cocina, para apartar la cocina del resto de la casa, o, si la cocina tiene un área para comer, enfóquelo hacia ésta para apartarla del resto del cuarto.

Si el horno está enfrente del fregadero y su cocina es lo suficientemente grande, puede separar los dos artículos con una «isla» para trabajar; no le

水火不宖

Separar los artículos que están uno al lado del otro

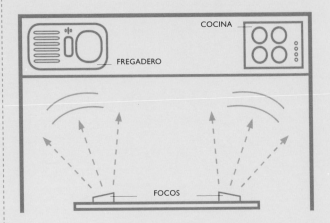

ponga una cocina, ya que los hornillos eléctricos o de gas son otros símbolos de fuego.

Otra forma de separar el fuego y el agua es esconder los artículos de agua, como un frigorífico-congelador, detrás de las puertas de sus armarios

Separar los artículos que están uno enfrente del otro

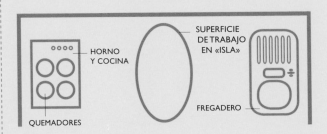

de cocina («escóndalo y desaparecerá» es una regla básica en feng shui); lo más sencillo es situar una fina alfombra antideslizante, de color liso acorde con la ubicación del pa kua, entre los artículos conflictivos.

Zonas para comer

Si es posible, coma en una estancia aparte, donde la energía nutra las sensaciones de calma y «riqueza de la vida» (*véase* pág. 62). Intente evitar comidas en la cocina, donde el chi es muy fuerte y demasiado rápido para favorecer la buena digestión. Si no tiene un comedor, puede separar una zona para comer en la cocina, señalándola con armarios de cocina o muebles, y utilizando colores y materiales que promuevan una energía calmante.

Escoger los colores

Utilizar los colores de forma inteligente es la manera más fácil de mezclar las energías en una cocina. Utilice sólo dos o tres colores principales, así no estimula demasiado el chi. Los colores claros en las paredes dan vitalidad, pero sin pasarse. Si lo desea, puede añadir unos toques más fuertes con materiales y utensilios adecuados a la ubicación del pa kua (*véase* pág. 79).

Iluminación y reflejos

Para refrescar el chi y ayudarlo a circular, necesita mucha luz natural y artificial. Las lámparas halógenas en el techo son perfectas, ya que no proyectan sombras. Un conjunto de tres o cinco focos es excelente. Sin embargo, evite las luces fluorescentes; su energía es demasiado fuerte y los parpadeos pueden causar dolores de cabeza. Si no las puede sustituir, instale formas redondeadas (*véase* pág. 74) para suavizar la energía.

Nunca ponga espejos en la cocina porque reflejarán y duplicarán la energía de la comida «muerta». Si necesita superficies reflectantes por la ubicación del pa kua, puede utilizar utensilios redondeados y brillantes de acero inoxidable o de cromo. Estos artículos reflejan su entorno, pero al distorsionar la imagen no causan los mismos problemas que los espejos.

Superficies y esquinas

Ayude a que el chi fluya libremente manteniendo limpias las superficies de trabajo. No deje los platos sin lavar: el desorden atraerá el chi estancado que puede emitir la comida. Si tiene artículos como hervidores de agua, tostadoras o máquinas de café en la superficie de trabajo, sitúelos hacia la pared.

En la cocina, los bordes afilados estimulan el chi yang; tener demasiados puede causar tensión y discusiones entre las personas. Equilíbrelos con esquinas redondeadas en los armarios de la cocina y superficies de trabajo, y con utensilios redondos y brillantes para que el chi fluya de manera serpenteante en curvas.

Guardar el material

Guarde el material en los armarios de cocina o apílelo cuidadosamente cuando no lo utilice. Sin embargo, si tiene un horno en un sector inadecuado del pa kua puede colgar cacerolas de metal encima o cerca para desviar la energía de fuego. Mantenga los cuchillos en un portacuchillos y las tijeras en un cajón. Si es posible, no tenga estos instrumentos afilados a la vista, ya que emiten chi perjudicial.

Los electrodomésticos

La energía electromagnética de objetos como batidoras, hervidores de agua y tostadoras aporta chi yang. Al igual que el televisor y el equipo de música en el salón, puede utilizar estos electrodomésticos para incrementar el chi yang beneficioso (*véase* pág. 60). Manténgalos en buenas condiciones para que funcionen de manera segura, eficiente y sin ruido, para que produzcan chi positivo.

Planificar las comidas

Los colores y los gustos de los alimentos pueden producir diferentes combinaciones de chi yin y yang. Los alimentos de colores muy vivos son

Colocar los hornos microondas

En feng shui, la energía electromagnética que emiten los hornos microondas se considera perjudicial (*véase* pág. 127). No utilice el microondas, si lo puede evitar, o utilícelo lo menos posible. (Normalmente, los microondas están hechos de metal brillante que simboliza agua y «apaga» el fuego.) De otro modo, escóndalo dentro de un armario. Si tiene previsto reformar su cocina, empotre el microondas en los armarios para sólo ver su frente.

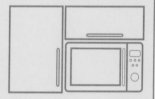

yang; las verduras son un equilibrio de yin y yang, y los alimentos blancos, como los lácteos, son yin. Puede hacer que cada plato tenga su energía.

Las comidas relajantes e íntimas necesitan más chi yin, mientras que las fiestas y las comidas o cenas de negocios necesitan más yang. Para las fiestas de niños, puede empezar con actividades; luego ofrezca comida calmante yin. Evite los colores vivos y las carnes cocinadas: serían demasiado yang.

Preparar los alimentos

La cocina tiene un chi muy negativo debido a la carne, la fruta y las verduras que ahí se preparan. Una vez que los ingredientes se han convertido en alimento, son energía buena, pero mientras se cocina, incluso su olor, es feng shui malo. Mantenga la puerta de la cocina cerrada para que el fuerte olor de los alimentos no se escape e impregne toda la casa. Además, asegúrese de que no puede verse el interior de la cocina desde la puerta principal o desde otras habitaciones.

Remedios con hierbas

Las hierbas frescas, en pequeños recipientes, de uso inmediato estimulan el chi beneficioso, ya que son alimentos nutritivos. Cómprelas regularmente en su supermercado habitual y póngalas en el alféizar de la ventana hasta necesitarlas; además, las hierbas absorberán el chi bueno a través de la ventana. Si la cocina está conectada al comedor, las hierbas aromáticas van bien para quitar olores y energía estancada o, incluso, tóxica de la comida preparada.

Si quiere cultivarlas usted mismo, téngalas en el exterior. Nunca tenga artículos favorables, como plantas en maceta (o adornos de la suerte, camas de mascotas) en la cocina, ya que la buena suerte que desprenden se perderá con la energía mala de la habitación.

Proteger las camas que están encima de cocinas

Si su cocina está debajo de un dormitorio, compruebe que no tenga una cama directamente encima del horno. El calor de los quemadores «cocinará» o «quemará» el chi interior de quien duerma habitualmente en esa cama, atacando al sistema inmunológico y provocando infecciones, resfriados, toses, dolores de garganta y de cabeza.

La mejor solución es mover la cama o el horno. Si no lo puede hacer, coloque una tabla plateada o cubierta con papel de aluminio bajo la cama, con la cara brillante hacia abajo. La tabla será lo suficientemente larga como para proteger la cabeza y el pecho de la persona. En la cocina, puede llenar de agua objetos redondos, de metal brillante, como cacerolas de acero inoxidable y de cromo, y dejarlos sobre el horno toda la noche. También puede servir una campana extractora de acero inoxidable sobre la cocina. En cada caso, el brillante metal reflectante representa el agua y «apagará el fuego».

Trabajar con energías elementales

En la antigua China, las cocinas estaban ubicadas en el sector este (madera) o en el sector sureste (madera con toques de agua y de viento). El más favorable era el sureste, ya que se consideraba que las brisas «ayudaban a mantener las cocinas de carbón encendidas». El sureste también simboliza la «riqueza de la vida»: prosperidad, salud y relaciones familiares satisfactorias.

La tabla que aparece en la página 78 muestra cómo encajan el fuego y el agua en cada sector del pa kua. El este y el sureste pueden apoyar estas energías, así que son ideales para una cocina.

Sin embargo, las otras ubicaciones apoyan sólo al fuego o al agua o a ninguno, así que necesita combinar las energías cuidadosamente.

ASESORAMIENTO ESPECIAL

Problema: un artículo de fuego está en un sector del pa kua regido por agua, o viceversa, y no lo puede cambiar.

Solución: introduzca otros elementos para detener el conflicto. Si tiene un horno en el norte utilice metales brillantes para destruir la energía de agua. Si tiene el fregadero en el sur, rodéelo con colores o símbolos de tierra, que «absorben» el agua; escoja colores cálidos para las paredes, granito o mármol para las superficies de trabajo y aplacado de terracota o piedra encima del fregadero.

水
火
不
容

ADMINISTRAR LAS ENERGÍAS DE FUEGO Y DE AGUA

SECTOR	ELEMENTO ASOCIADO	AYUDA AL FUEGO	AYUDA AL AGUA
Norte	Agua	No	Sí
Noreste	Tierra	Sí	No
Este	Madera	Sí	Sí
Sureste	Madera	Sí	Sí
Sur	Fuego	Sí	No
Suroeste	Tierra	Sí	No
Oeste	Metal	No	Sí
Noroeste	Metal	No	Sí

Si tiene armarios de madera en un sector del pa kua que no favorece la madera, todavía puede beneficiarse de su energía pintándolos del color afín al sector (*véase* página siguiente), o escogiendo un color adecuado.

Cuando pinta madera (o cualquier superficie), ésta asume la energía del elemento simbolizado por ese color; el color en la superficie domina la energía subyacente de la madera. Por ejemplo, la madera pintada de blanco se «convierte» en metal. El color natural de la madera también puede ayudar. El color pino y roble simbolizan madera, pero el arce es tan claro que simboliza metal y el cerezo simboliza tierra. Con respecto al suelo, puede utilizar baldosas, vinilo o madera, dependiendo de la ubicación del pa kua.

Controlar la energía en un lavadero

Si tiene un lavadero junto a la cocina, la energía de agua puede drenar energía del resto de la casa, igual que un cuarto de baño (*véase* pág. 80). Para controlar el problema, utilice símbolos de tierra, como amarillos cálidos, albaricoques y caramelos para paredes, y enlosados de terracota o piedra.

Ubicación, ubicación, ubicación

Norte: los elementos más beneficiosos para una cocina situada al norte son la madera y el metal, ya que el agua los apoya en el Ciclo Constructivo de elementos. Los colores metalizados y blancos, y las superficies de trabajo y suelos de madera son buenas elecciones.

Noreste: aquí funciona bien una mezcla de tierra y metal. Las buenas elecciones incluyen colores cálidos de tierra como avena y caramelo en paredes; terracota y piedra para suelo; granito y mármol para superficies de trabajo, y brillantes cazuelas y utensilios de acero inoxidable, cromo, cobre o latón.

Este: el este está regido por el elemento madera, así que las superficies de madera y los colores de «madera», como el verde, son lo mejor para las cocinas del este. Los amarillos y rojos también estimulan una energía útil.

Sureste: es la ubicación más favorable para una cocina, y está gobernado por el elemento madera, así que las superficies de madera y los colores de «madera» funcionan especialmente bien aquí.

Sur: aquí los símbolos de madera y de tierra son beneficiosos, ya que apoyan al fuego, el elemento asociado al sur. Los armarios y los suelos de madera, los colores de tierra, los suelos de terracota y piedra, y las superficies de trabajo de madera o granito van bien en esta zona.

Suroeste, oeste, noroeste: para las cocinas en estos sectores, el metal brillante junto con la tierra formarán una mezcla intensa. Los colores de metal (blanco, crema, gris plateado) y/o los utensilios de metal redondos atraen energías beneficiosas. Los colores de tierra, como caramelo o avena, el suelo de terracota o piedra y las encimeras de granito o mármol son buenas elecciones.

CUARTO DE BAÑO

Drenaje de energía

La corriente de agua limpia y pura representa el chi yang bueno, poder y «riqueza de la vida» (*ts'ai fu*). Sin embargo, los cuartos húmedos, como los baños o lavaderos, necesitan un cuidado especial en feng shui. En estas habitaciones, ensuciamos constantemente el agua al usarla. Al descargarse el agua sucia, el chi de su casa se contamina y luego desaparece, drenando la protección y energía del edificio y, posiblemente, la suya. Este proceso se llama literalmente «drenaje» (*kou chu*). Sin embargo, puede controlar fácilmente el problema, para obtener lo mejor de su cuarto de baño.

Un cuarto de baño sano

Su herramienta más poderosa para detener el drenaje de energía es el elemento tierra. En el Ciclo Destructivo de elementos (*véase* pág. 35), la tierra bloquea y absorbe el agua, igual que un papel secante absorbe la tinta. Los colores y accesorios de tierra (*véase* pág. 83) también controlan el chi yang del agua, así que la energía es fuerte, pero no dominante.

Al El chi del cuarto de baño tiene que ser más yang que yin. Para fomentar la «riqueza de la vida» sin utilizar el agua, escoja formas redondeadas para los sanitarios, como bañeras y lavamanos, y accesorios, como los espejos (*véase* pág. 85). Estas formas mantienen el flujo de chi «moderado y serpenteante». Si es posible, evite los bordes rectos, ya que aceleran el chi.

La distribución del cuarto de baño

Si tiene previsto reformar su cuarto de baño, intente que el inodoro, lavamanos y desagüe (drenaje) de la bañera estén en la misma pared. Esta colocación hace que toda la energía drenada se concentre en

Un cuarto de baño bien organizado

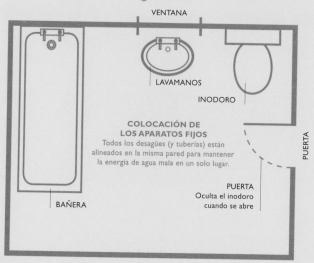

VENTANA

LAVAMANOS

INODORO

COLOCACIÓN DE LOS APARATOS FIJOS
Todos los desagües (y tuberías) están alineados en la misma pared para mantener la energía de agua mala en un solo lugar.

PUERTA

PUERTA
Oculta el inodoro cuando se abre

BAÑERA

una zona. También refuerza las otras paredes, lo que es una ventaja si tiene un dormitorio o un despacho al otro lado de estas paredes.

Además, oculte el inodoro en un hueco o detrás de la puerta: así no será lo primero que vea al entrar en el baño. (El objetivo es el mismo que cuando ha estado en el baño de otra casa y le costó encontrar el inodoro.) Recuerde mantener cerrada la puerta del baño para proteger el resto de la casa de su energía drenante.

Si el cuarto de baño está encima de la cocina, evite situar el inodoro encima del horno porque la energía de agua del inodoro chocará con la energía de fuego del horno (*véase* pág. 77). Si ya tiene el inodoro ahí, ponga solado «de tierra» como de terracota, caliza o pizarra; su energía bloqueará el agua.

气
港

Las ventajas de las duchas de obra

Las duchas de obra (a ras de suelo), que son cada vez más populares, son beneficiosas según el feng shui, ya que dejan que el agua sucia se escurra inmediatamente, mientras usted se lava, a diferencia de las bañeras o platos de ducha que la retienen. Si tiene previsto construir una ducha de obra, escoja solados antideslizantes que simbolicen tierra, como piedra caliza, pizarra, granito y terracota.

El poder de la luz

La luz natural es importante en un cuarto de baño porque ayuda a estabilizar y fortalecer el chi. Sin embargo, es frecuente que no haya ventanas, especialmente en los cuartos de baño pequeños. En todo cuarto de baño, sobre todo cuando no tenga ventanas, se necesita una buena iluminación. Las luces halógenas de techo minimizan las sombras, mientras que un conjunto de

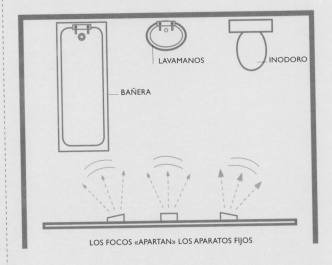

LOS FOCOS «APARTAN» LOS APARATOS FIJOS

tres o cinco focos puede utilizarse para corregir áreas problemáticas. Oriente los focos hacia la puerta, inodoro, lavamanos, bañera y ducha, ya que, simbólicamente, «los aparta» y así reduce su fuerza en la energía del cuarto.

Fontanería perfecta

Mantenga los aparatos sanitarios en buenas condiciones y arregle cualquier problema de fontanería, como el goteo o las filtraciones. Aparte de los beneficios prácticos, llamar al fontanero es una inversión que vale la pena en el feng shui, ya que ayudará a detener cualquier fuga innecesaria de energía.

Colores de tierra

Utilice colores y símbolos de tierra por todo el cuarto de baño. Los colores de tierra son acogedores y transmiten calidez y darán la protección firme que necesita para impedir que el chi se distorsione y se vaya.

Para las paredes, azulejos, suelo y aparatos fijos, escoja colores como el amarillo, terracota, caramelo, piedra, rosa, melocotón, albaricoque y ciruela. También ayuda tener complementos como toallas, albornoces y cortinas en estos colores. Si desea utilizar estampados, mejor que sean tan sencillos como sea posible y que tengan sólo dos o tres colores principales. Ponga los colores correctos y sentirá la calidez.

Accesorios protectores

Una forma especialmente buena para estimular la energía beneficiosa de tierra es decorar el baño con accesorios de tierra. Puede tener platos o macetas de piedra o terracota, llenos con bonitos guijarros redondeados y velas de colores de tierra. También puede colocar atractivos guijarros en los desagües cuando no se use la bañera o el lavabo, para prevenir pérdidas de energía; escoja guijarros lo suficientemente grandes para que no se cuelen por el desagüe. A menudo, en feng shui se dice que deberían colocarse tapones en los desagües, pero los guijarros funcionan mucho mejor. Si un grifo gotea cuando usted no está en casa, los guijarros permitirán que el agua se escurra, pero el tapón dejará que el agua estancada se acumule.

El poder de la fragancia

Utilizar fragancias agradables puede estimular el chi en un cuarto de baño y es una forma rápida y sencilla de hacer que se sienta animado o, lo contrario, relajado. Las velas perfumadas proporcionan una luz suave al ambiente. Como alternativa, y para un efecto más duradero, puede poner en un bol piedras aromáticas. Las esencias de lavanda y de cítricos son beneficiosas porque simbolizan la tierra. La esencia de pachulí también es buena, ya que tiene un efecto purificador. Sin embargo, no utilice las de pino o de sándalo porque pertenecen al elemento de madera; evite también las esencias florales, ya que tienen una energía muy «de fuego».

¡Aléjese de la orilla del mar!

Si en su cuarto de baño tiene la decoración y los símbolos de agua, añadirá energía yin y empeorará los problemas. Si es posible, evite el clásico baño azul con conchas, delfines, cangrejos, estrellas de mar, orcas, barcos de pesca, ranas, redes de pesca, buceadores, etc., lo que yo llamo «el mundo submarino de Jacques Cousteau».

El color azul es un símbolo de agua, así que debería intentar no utilizarlo en los cuartos que ya están dominados por ese elemento. (Es más, piense detenidamente dónde poner el color azul; aplique sólo pequeños toques y no en espacios grandes.) El azul puede ser un color frío y poco acogedor, y un cuarto de baño ya suele ser una habitación fría, sobre todo por la mañana en invierno, sin añadirle ningún efecto.

Utilizar madera y metal

Muchas personas tienen plantas y armarios de madera u otros muebles en el cuarto de baño. Sin embargo, debería tener cuidado con utilizar la madera porque apoya el agua en el Ciclo Constructivo de elementos, así que incrementaría los efectos malos del agua sucia. Sustituya los símbolos de madera por los de tierra o pinte cada artículo fijo de madera en colores de tierra; la madera, una vez pintada, representará el elemento simbolizado por su color. Los colores de metal, como el blanco o el plateado, tienen un efecto neutro en el baño, pero pueden dar una sensación de frío, así que equilíbrelos con símbolos de tierra.

Espejos

Los espejos en el cuarto de baño pueden incrementar la iluminación, pero también simbolizan agua, por lo que pueden empeorar la energía drenante. Tenga el espejo más pequeño posible con un marco o con bordes biselados para controlar la energía de agua. Cuélguelo a la altura de la persona más alta de la casa, ya que así no le «cortará» la parte superior de la cabeza, y de tal manera que no refleje el inodoro o el bidé. Evite los azulejos de espejo porque sus esquinas cortan el chi.

«Esconder» el cuarto de baño

Colgar un espejo en la parte exterior de la puerta hace «desaparecer» el cuarto y ayudará a que la energía no se escape de la casa a través del baño. Utilizar un espejo es una buena idea si el cuarto de baño está al lado o enfrente de la puerta principal o trasera, o de la puerta de un dormitorio, cocina, estudio o despacho.

También puede «esconder» el baño manteniendo siempre la puerta cerrada. Si tiene un baño anejo sin puerta, ponga una o, si no es posible, cuelgue una cortina en la entrada para separar el cuarto de baño de la habitación.

Controlar la pérdida de energía

Se solía decir que tirar de la cadena era igual a «tirar la riqueza». Es decir, la corriente de agua sucia que se va por el inodoro se lleva también el chi del resto de la casa (*véase* pág. 80). Para evitar que esto suceda, cierre la tapa del inodoro antes de tirar de la cadena y trate de mantener siempre la tapa bajada cuando no lo utilice.

Para una protección adicional, un método tradicional de feng shui para suprimir el efecto de drenaje de un inodoro es colgar encima un carrillón pequeño y discreto de cinco tubos metálicos. Si este remedio no es de su agrado, utilice simplemente colores de tierra, tal y como se ha descrito en las páginas anteriores, y coloque un bol o una maceta con guijarros cerca del inodoro para reducir este drenaje de energía.

ASESORAMIENTO ESPECIAL

Problema: su cuarto de baño tiene una mala ubicación, como al lado de la cama o enfrente de la puerta principal o trasera.

Solución: bloquee el efecto de drenaje del agua inmediatamente utilizando cálidos colores de tierra en el baño. Mantenga la puerta cerrada. Si su baño está a mano izquierda de la puerta principal (mirándola desde el interior de la casa), cuelgue un espejo en la puerta del baño para «esconder» la habitación.

Mejorar los cuartos de baño en cualquier sector del pa kua

Los cuartos de baño pueden drenar las energías de cualquier ubicación del pa kua. Por eso, esté donde esté el baño, emplee colores de tierra para bloquear el drenaje de energía. También puede utilizar el metal, pero evite el fuego, la madera y, sobre todo, añadir más símbolos de agua.

Ubicación, ubicación, ubicación

Norte: necesita tener cuidado con un cuarto de baño en el norte, ya que aquí gobierna el agua, así que la energía de agua tiende a dominar demasiado.

Noreste: ésta es, posiblemente, la mejor ubicación para un cuarto de baño porque está gobernada por la tierra, la cual ayuda a controlar la energía de agua.

Este, sureste: estos dos sectores están regidos por la madera, la cual apoya el agua e incrementará la energía drenada.

Sur: este sector está gobernado por el fuego que choca con el agua. Utilizando símbolos de tierra ayudará a controlar estos dos elementos opuestos.

Suroeste: al igual que en el noreste, este sector está dominado por la tierra, así pues es una de las mejores ubicaciones para un cuarto de baño.

Oeste, noroeste: estos dos sectores, cuyo elemento es el metal, también están entre las opciones «menos malas» para los cuartos de baño.

DORMITORIO
Descanso

Su dormitorio debería ser un lugar de santuario. Los chinos lo llamaban «el nido de la serpiente… el descanso del sol» (*ch'ao… jih lo*). La serpiente es símbolo de salud y de energía, y anida en lugares seguros y solitarios. El «descanso del sol» es la noche, cuando el chi yin alcanza su cima. Necesita crear una mezcla fuerte en yin y con un poco de yang para recargar su chi interior.

Distribuir su dormitorio

Si es posible, coloque la cama con la cabecera contra una pared sólida (sin ventanas ni puertas). Desde la cama, debería tener una visión clara de la puerta y de las ventanas. Sin embargo, es de mala suerte tener los pies apuntando directamente a una ventana o puerta. Esto se conoce tradicionalmente como la posición del «cadáver»; en la antigua China era la posición del muerto antes de que se lo llevaran de casa.

Lo ideal sería que no hubiese más de una puerta en un dormitorio ni más de tres ventanas. Si tiene demasiadas puertas y ventanas puede que dejen en-

ASESORAMIENTO ESPECIAL

Problema: *su cama está directamente en línea con una puerta o una ventana.*

Solución: rompa esta línea colocando una cómoda o un tocador a los pies de la cama; ponga uno que sea un poco más alto que el alféizar de la ventana si la cama está frente a ella. La cama tipo «trineo» también sirve, ya que tiene una piecera alta.

Un santuario relajante

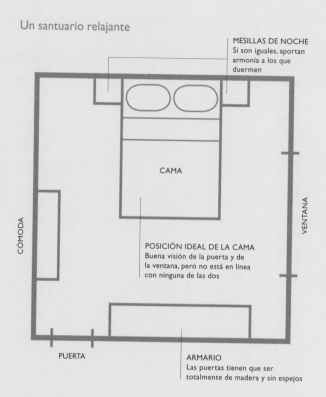

MESILLAS DE NOCHE
Si son iguales, aportan armonía a los que duermen

CAMA

VENTANA

CÓMODA

POSICIÓN IDEAL DE LA CAMA
Buena visión de la puerta y de la ventana, pero no está en línea con ninguna de las dos

PUERTA

ARMARIO
Las puertas tienen que ser totalmente de madera y sin espejos

trar energía inquietante, y necesitará calmar el chi con artículos yin, como cortinas gruesas, almohadas mullidas y ropa de cama oscura o en tonos pastel.

Compruebe que las ventanas no den hacia flechas venenosas, como los aleros, ya que apuntarían la habitación con chi perjudicial. Para desviar una flecha venenosa, coloque un adorno de cristal en la ventana o tenga la figura de un animal poderoso, protector, como la fotografía de un perro, de un león, o un osito de peluche, en el alféizar de la ventana mirando la flecha.

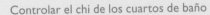

休息

Controlar el chi de los cuartos de baño

Muchas personas tienen un cuarto de baño anejo por comodidad y conveniencia, pero contiene agua sucia que drena el chi (*véase* pág. 80). Controle la energía de agua drenada con colores y símbolos de tierra (*véase* pág. 83), y mantenga la puerta cerrada. También puede proteger su cama con un vestidor entre su cama y el baño.

Los cuartos de baño anejos en un dormitorio pueden formar zonas oscuras que generan chi estancado (*véase* pág. 55). Para solucionar el problema, ponga en esa zona un armario, una cómoda o un tocador.

Escoger camas cómodas

Elija una cama que encaje con su habitación. Asegúrese de que las camas de los niños sean lo suficientemente grandes para ellos. Es mejor tener un diván o una cama con patas, pero evite las literas porque la persona de abajo está encajonada, mientras que la de arriba está «aplastada» por el techo. Esto puede deprimir el chi de ambas. Las camas bajas, como los futones, le exponen al chi estancado a nivel del suelo, haciéndole sentirse apático; para elevar el chi, coloque luces alrededor de la cama o ponga ropa de cama en colores muy vivos.

Las camas tipo «trineo» le protegen la cabeza y los pies, y su forma curvada estimula una suave corriente de chi. Las camas con dosel y las camas «princesa» también son beneficiosas, ya que el baldaquín le protege y anima el chi que rodea la cama.

Proteger su cabeza

Si es posible, tenga una cabecera sólida de madera. En feng shui, la cabecera está pensada como una lápida tradicional china, que protege la energía en la coronilla de una persona. Las cabeceras rectangulares estabilizan el chi, mientras que las cabeceras con formas redondeadas ayudan a que el chi circule.

Procure no tener armarios o estanterías encima de la cama, ya que son como «filos cortantes» (*tao p'ien*), que le atrapan en una caja de chi estancado. Si no puede quitarlos, instale focos debajo de los armarios o de las estanterías, o ponga una lámpara de lava al lado de la cama para elevar el chi. Además, coloque un temporizador para que las luces principales se enciendan dos horas antes de irse a la cama.

Decoración acogedora y tranquilizadora

Para aumentar el chi yin y tranquilizar el ambiente de la habitación, utilice colores claros, pastel u oscuros; los colores brillantes o vivos son más yang. Escoja accesorios gruesos, suaves y afelpados, y muebles con bordes redondeados, ya que son más yin. (El mobiliario más fino, duro y con los bordes rectos es más yang.)

Necesita colores más vivos para la ropa de cama que para el suelo, paredes o cortinas, porque estos colores le encierran en un campo de energía estable mientras duerme. Si quiere, puede tener diferentes juegos de ropa para cambiar el ambiente del dormitorio, pero cíñase a colores lisos o a estampados sencillos y grandes.

Limite al mínimo los cuadros y adornos para asegurar un ambiente tranquilo. Evite cuadros colgados encima de su cabeza porque tienen energía estancada, que empujan hacia usted. Es mejor no tener plantas, salvo que alguien esté enfermo, porque su energía es demasiado estimulante para los dormitorios.

Los espejos y los televisores

Durante la noche, el momento más yin, usted emite chi gastado mientras duerme y absorbe chi fresco. Si un espejo le refleja cuando está en la cama, hará que ese chi gastado vuelva hacia usted. Los maestros de feng shui antiguo también decían que los espejos «traerían una tercera persona a la cama», algo extremadamente malo para una relación.

Para proteger su energía, cubra los espejos o gírelos por la noche. Si tiene un televisor en la habitación, recuerde que la pantalla se convertirá en espejo una vez lo apague, así que apártelo de la cama o cúbralo con un paño cuando se haya enfriado.

Electricidad en el dormitorio

Mantenga apartados de la cama los aparatos eléctricos, excepto las lamparillas de noche, ya que la electricidad puede molestar su chi interior mientras duerme. Es mejor no tener un televisor en el dormitorio y, menos, cerca de la cama. Los electrodomésticos y la instalación pueden producir subidas de tensión y la carga estática continua ahí cuando se apaguen los aparatos.

Lo ideal es tener una cama y cabecera de madera, ya que la madera ni es conductora de electricidad ni mantiene las cargas eléctricas. Pinte la madera para que encaje con la decoración o con el sector del pa kua. Evite las camas de metal, ya que éste conduce electricidad estática. Una cama de agua es mala porque el agua y la electricidad pueden trastornar su chi interior.

ASESORAMIENTO ESPECIAL

Problema: *tiene una cama de metal y no la puede reemplazar.*

Solución: envuelva la estructura de la cama con tela natural, como algodón o seda, para reducir su carga de electricidad estática. El amarillo (simboliza tierra) o el verde (madera) son los mejores colores para la tela.

Para reducir los efectos nocivos de la electricidad utilice colores de tierra, como terracota o melocotón para la ropa de cama, si van bien con el pa kua, o tenga relojes de pilas o radios a cuerda en vez de eléctricos.

Guardar la ropa cuidadosamente

Mantenga limpia la energía de la habitación guardando la ropa cuidadosamente. Ponga la ropa sucia en un cesto tapado, y en el cuarto de baño.

Nutrir las relaciones

Si comparte la cama, intente colocarla de forma que usted y su pareja tengan ambos lados libres para asegurar el equilibrio y la armonía. Si un lado de la cama está pegado a la pared, la persona que entra y sale sin problemas dominará la energía de la habitación. Además, poner mesillas de noche, lám-

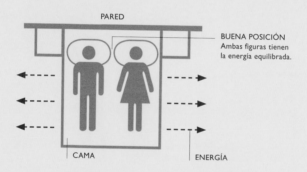

PARED

BUENA POSICIÓN
Ambas figuras tienen
la energía equilibrada.

CAMA

ENERGÍA

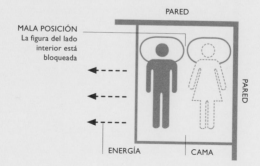

PARED

MALA POSICIÓN
La figura del lado
interior está
bloqueada

PARED

ENERGÍA

CAMA

休
息

paras y alfombras iguales a ambos lados de la cama ayuda a igualar las energías.

Las habitaciones de los niños

Los niños necesitan espacio para actividades y estudio, así como para dormir. Divida sus habitaciones en tres zonas con distinta mezcla de yin y yang. Las zonas de dormir deberían ser yin, con colores suaves; las otras zonas necesitan ser yang, con colores vivos y mucha luz. La mezcla correcta también depende de su hijo: los colores pastel ayudan a calmar a los niños hiperactivos, mientras que los colores vivos y de tierra pueden aumentar la confianza de los niños tímidos.

Los usos cambiarán con el tiempo. Por ejemplo, los pequeños pueden utilizar la zona de actividad para los juguetes, y los mayores para sus pasatiempos. Los estudiantes encontrarán útil esta distribución para el dormitorio, donde hallarán un lugar para hacer sus deberes.

MESA

CAJA DE JUGUETES

PUERTA

ZONA DE ACTIVIDADES
Incluye una mesa para los juegos
y los pasatiempos, y posters
en la pared.

ZONA DE DORMIR
Utilice colores más
suaves que en el resto
de la habitación.

ESTANTERÍA

ESCRITORIO
Incluye un ordenador.

VENTANA

ZONA DE ESTUDIO
Tenga el ordenador aquí, así
el niño lo asocia con el trabajo.

CAMA

SILLA
Su posición permite una
visión clara de la puerta
y de la ventana.

Ubicación, ubicación, ubicación

Norte: la relajante energía de agua en un dormitorio al norte es ideal para dormir. Los colores correctos son el negro, así como los colores de metal: blanco, crema, gris, dorado y plateado. También puede utilizar símbolos de madera, como unos toques de verde claro y muebles de madera.

Noreste: intente evitar un dormitorio aquí, ya que el chi es demasiado inquietante para dormir. Si queda al noreste sólo una parte de la habitación, utilícela para yoga, meditar, hacer ejercicio o como vestidor. Si tiene que dormir ahí, instale cortinas y ropa de cama en colores claros de tierra, como rosa, melocotón, avena o amarillo, pálido, para estabilizar.

Este, sureste, sur: el chi en este sector es muy nutritivo para dormir. Escoja verdes pálidos (madera), amarillos claros, rosas y lilas (tierra) para proporcionar energía tranquilizante. El suelo de madera es excelente.

Suroeste: si tiene un dormitorio al suroeste y desea mejorar su relación de pareja, coloque fotografías de los dos. Generalmente, el chi es demasiado lento para un dormitorio. Una mezcla de colores pastel y luminosos de tierra y metal como blanco, crema o gris pueden aumentar y estabilizar la energía.

Oeste, noroeste: el noroeste es el lugar de la autoridad, ideal para el dormitorio de los padres. Es mejor no tener el cuarto de invitados o de los niños aquí, ya que le podría «quitar» el poder. Un dormitorio al oeste simboliza niños: es ideal para las parejas que desean tener un hijo. En ambos sectores, una mezcla de metal y de tierra funciona muy bien. Si tiene suelo de madera, cúbralo con alfombras en estos colores. Evite los colores muy encendidos.

阳阴平衡

HABITACIONES ADICIONALES
Equilibrar energía

Tener una habitación adicional en su casa puede ser una buena manera de incrementar el espacio vital y aumentar el valor de su propiedad. Puede ampliar su casa hacia fuera, con un invernadero o solárium, o hacia arriba, convirtiendo el ático o el espacio bajo cubierta en un desván.

Cualquier espacio adicional debe tener siempre una función definida, que no sirva sólo para trastero. Dándole una función, puede mejorar el flujo de chi. Intente combinar el chi de modo que favorezca el uso de esta habitación. Aparte de ello, mantenga ordenado el espacio para producir un flujo de chi ideal, «moderado y serpenteante».

Distribuir una ampliación, un invernadero o solárium

El tamaño y la forma de una ampliación y su ubicación en el pa kua determinarán su energía. Las formas rectangulares son más yang y su energía activa sería ideal para un despacho o para una sala de actividades. Las formas redondeadas son más yin, adecuadas para un cuarto de relajación o juego. Los invernaderos son lugares para relajarse, así que necesitan ser más yin; las formas curvadas son ideales para ello.

Haga un plano de su casa incluyendo el espacio adicional o utilice los planos iniciales si tiene una ampliación o invernadero nuevo, y descubra qué sectores del pa kua ocuparán.

Una extensión pequeña, como un invernadero, le permitirá emplear más energía del sector ocupado en el pa kua, y utilizando el espacio estimulará el chi. Sin embargo, algunas ampliaciones pueden formar zonas perdidas. Para evitarlo, abarque con la ampliación todo el ancho del edificio. Si ya cuenta

Aprovechar al máximo las formas de un invernadero

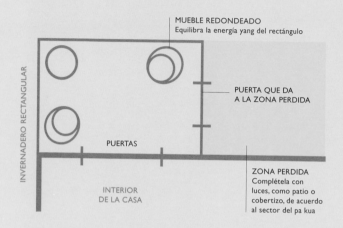

INVERNADERO RECTANGULAR

MUEBLE REDONDEADO
Equilibra la energía yang del rectángulo

PUERTA QUE DA A LA ZONA PERDIDA

PUERTAS

INTERIOR DE LA CASA

ZONA PERDIDA
Complétela con luces, como patio o cobertizo, de acuerdo al sector del pa kua

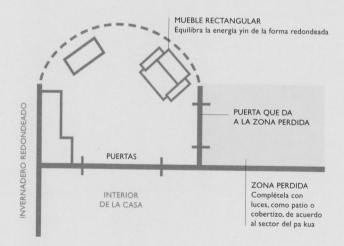

INVERNADERO REDONDEADO

MUEBLE RECTANGULAR
Equilibra la energía yin de la forma redondeada

PUERTA QUE DA A LA ZONA PERDIDA

PUERTAS

INTERIOR DE LA CASA

ZONA PERDIDA
Complétela con luces, como patio o cobertizo, de acuerdo al sector del pa kua

con una zona perdida, «complétela» creando un patio, o añadiéndole luces y plantas adecuadas al sector del pa kua.

Compruebe la posición de las puertas exteriores e interiores. Si ambas puertas están en línea, el chi puede escapar de la casa. Es mejor que estén situadas en ángulo recto. Si tiene una zona perdida, una puerta dando a la zona le ayudará a «completarla».

ASESORAMIENTO ESPECIAL

Problema: *su ampliación tiene las puertas exteriores e interiores en línea y el chi circula demasiado rápido.*

Solución: para frenar el chi, ponga cerca de una de las puertas una planta grande o una alfombra redonda de color adecuado al sector del pa kua (*véanse* págs. 143-145). Si una ampliación crea un zona perdida, ponga una puerta que dé a esa zona.

Reequilibrar el centro de su casa

Una ampliación o un invernadero grande moverá el *tai chi* (punto central) que localizó dibujando el plano de su casa (*véase* pág. 16), así que necesitará redibujarlo para incluir esta nueva zona.

Lo mejor es tener el *tai chi* dentro de la propiedad y debe mantenerlo despejado. Mover el *tai chi* podría mejorar los sectores del pa kua. Sin embargo, si el *tai chi* se mueve demasiado lejos del centro original, la energía del edificio puede desequilibrarse. Si el *tai chi* está dentro de un armario o de un espacio pequeño, el chi se bloqueará. Necesitará activarlo pintando el interior en colores de tierra (como amarillo o avena), dejando una luz encendida dentro o cerca de la zona (unas horas cada día) o instalando un ordenador o teléfono.

En algunos casos, el *tai chi* se desplaza fuera del edificio, lo que desequilibra severamente la energía de la propiedad. Esto sucede a menudo si el edificio tiene forma de «L», lo que en feng shui se conoce como «hacha de carnicero» (*fu*). Para combatir este problema, complete la zona perdida. Ponga colores y símbolos de tierra alrededor del *tai chi* para mejorar su energía de tierra.

Crear un desván

Abrir el espacio bajo cubierta para crear un desván puede ser una gran ventaja, siempre que distribuya el espacio cuidadosamente. Los techos inclinados de los desvanes pueden ser un problema. La inclinación frena el chi, lo aplasta y pronto lo convierte en yin y en energía estancada. Si parte del

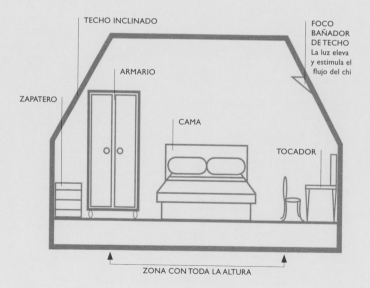

TECHO INCLINADO

FOCO
BAÑADOR
DE TECHO
La luz eleva
y estimula el
flujo del chi

ARMARIO

ZAPATERO

CAMA

TOCADOR

ZONA CON TODA LA ALTURA

阳阴
平
衡

desván tiene un techo inclinado que no puede enderezar, utilícelo como armario o espacio de almacenamiento; emplee la zona con toda la altura para trabajar o dormir. Si no tiene opción, ponga un foco o una lámpara de lava debajo de la inclinación para aumentar la energía. En las habitaciones de los niños, puede utilizar móviles decorativos o pequeñas luces.

Planificar una oficina en casa

Un despacho debería decorarse y funcionar como una oficina de verdad y contener sólo las cosas relacionadas al trabajo. Para mantener la energía centrada, intente no combinarla con otras áreas, como con un dormitorio, un cuarto de los niños o un trastero. Si esto es inevitable, separe el espacio de trabajo de las otras áreas utilizando un biombo o un mueble.

En un espacio de trabajo, la energía yang debería superar la energía yin para traer fuerza, poder y actividad. Las persianas verticales en las ventanas son una forma de aumentar la energía de la habitación. Un escritorio necesita tener una buena visión de la puerta, pero no debería estar enfrente, porque esta posición podría darle sensación de inseguridad.

Prever un buen acceso al desván

Otro factor importante para los desvanes es el acceso por la escalera. Asegúrese de que será fácil utilizar las escaleras y de que no serán demasiado empinadas. Intente evitar una escalera «enfrentada» o delante de la puerta del cuarto de baño, ya que el chi puede bajar por las escaleras e irse a través de él. Si ya tiene las escaleras en esta posición, ponga una alfombra redonda y antideslizante (en un color que favorezca el sector del pa kua) en la parte inferior para estabilizar el flujo de chi.

No escoja unas escaleras de caracol, ya que el chi se escapa entre los escalones y se pierde. Sin embargo, si ya tiene unas, hay varias maneras para que pueda conservar el chi (*véase* pág. 52).

Decorar la habitación

Primero, necesita saber qué quiere hacer de la habitación: ¿la utilizará para actividades, o prefiere que sea una zona tranquila? Si quiere estimular la energía yang para las actividades, escoja muebles con formas cuadradas o rectangulares. Para aumentar la energía yin, ponga accesorios redondeados y suaves, como cojines mullidos y cortinas gruesas.

Si tiene un invernadero rectangular, equilibre las energías añadiendo mobiliario redondeado (*véase* pág. 97). Limite los muebles al mínimo y escoja colores lisos o estampados sencillos para proporcionar un chi calmado.

Equilibrar las energías

En muchos casos, las extensiones o desvanes ocupan dos o tres sectores del pa kua. Podría descubrir que el color de las paredes o del suelo va bien para un sector, pero no para otro. Sin embargo, puede solucionar este problema siguiendo los fundamentos del feng shui, consciencia, equilibrio y control.

Primero, identifique los elementos que necesita en ese sector. Entonces, si encuentra alguno inadecuado, simplemente ponga el color o símbolo correcto encima para equilibrarlo. Piense como si pusiera una venda en una herida. En el feng shui antiguo, se decía que el color correcto «se sentaba encima» (*ma pei:* literalmente, «a lomo del caballo»). Puede utilizar la misma técnica en un invernadero cuyas paredes tengan mucho vidrio.

Corregir los conflictos entre los elementos

Si tiene baldosas (símbolo de tierra) en un sector que no favorezca la tierra, ponga símbolos de madera, ya que la madera destruye la tierra en el Ciclo Destructivo. Podría instalar muebles de madera, ratán o mimbre, con cojines verdes, rojos o amarillos, o colocar alfombras antideslizantes de estos colores. Otra manera de lograrlo es colocar plantas grandes de hoja perenne en cubas de madera o en macetas verdes, rojas o amarillas.

Si un suelo de madera está en el sector del pa kua equivocado, ponga símbolos de metal o de tierra para controlar su energía. Para el metal, tenga muebles o alfombras en colores blancos, cremas, plateados o dorados. Para la tierra, puede escoger un mobiliario mullido en colores de tierra, como terracota, caramelo o avena.

Si tiene un invernadero en un sector inadecuado para las plantas, hay varias maneras de controlar la energía de madera de las plantas. El oeste y el noroeste son los sectores más desafiantes, ya que están gobernados por el metal y el metal destruye la madera. En este caso, escoja plantas de hojas grises, blancas o plateadas para promover la energía del metal, o tenga macetas de metal. También puede utilizar símbolos de tierra como las macetas cerámicas o de terracota, o puede colocar unos cuantos guijarros en la tierra de la maceta.

Las plantas puede que no favorezcan el sector de tierra (noreste y noroeste), ya que la madera destruye a la tierra. Para armonizar las energías puede utilizar plantas de color «metal» combinadas con símbolos de metal y de tierra, o puede estimular la energía de fuego situando luces alrededor de las plantas.

Hacer uso del espacio del garaje

Si tiene un coche, mantenga el garaje despejado; que el coche sea lo único que guarde ahí. Los coches tienen energías muy fuertes de metal y de fuego; si tiene una habitación encima del garaje, el coche le puede estimular y estabilizar el chi. Si utiliza el garaje para otros fines, como de almacén, tenga claro este propósito y mantenga el espacio limpio y organizado.

Almacenar material cuidadosamente

Lo ideal sería almacenarlo todo en una habitación separada. Si tiene estantes, las líneas horizontales de sus bordes emiten chi perjudicial; para corregirlo, escóndalos detrás de la puerta de un armario. Si no, apile en vertical objetos como libros o manuales, de modo que sus lomos coincidan con los bordes del estante. Si tiene un banco de trabajo, manténgalo ordenado.

Ubicación, ubicación, ubicación

Norte: una habitación al norte va bien para una oficina o despacho.

Noreste: este sector es ideal para las actividades físicas o de contenido espiritual. Los posibles usos incluyen: un gimnasio casero, un cuarto para meditar, para hacer yoga o artes marciales, *tai chi* o chi kung.

Este: la energía estimulante de este sector es perfecta para la zona de desayuno o para una sala de estar. El este, gobernado por la madera, es lo ideal para un invernadero.

Sureste: este sector es ideal para una oficina o para ocuparse de las finanzas familiares. La energía de madera es perfecta para un invernadero.

Sur: este sector es beneficioso para las comunicaciones y para las actividades sociales, ya que promueve las conexiones con el mundo exterior.

Suroeste: éste es un espacio para las parejas. Si tiene familia, intente mantenerla sólo para usted y su pareja para alimentar su relación. El chi lento y relajado no favorece los negocios ni las oficinas.

Oeste: el chi en el oeste es ideal para las actividades creativas y también para las habitaciones de los niños, así como para los pasatiempos tranquilos y para la relajación. Si tiene una vida agitada y desea inducir más energía yin en su casa, coloque el área de relajamiento o un invernadero al oeste.

Noroeste: es la ubicación natural para la autoridad; para un despacho u oficina de los padres. No es un buen lugar para el cuarto de los niños, porque «cedería» la posición de autoridad y los niños dominarían la casa.

JARDÍN O PATIO TRASERO
Curvas y colores

En la antigua China, el feng shui se utilizaba para elegir dónde situar las tumbas, cultivar y plantar, y construir las casas. Por eso, los jardines o los patios traseros son espacios importantes en el feng shui. Los jardines clásicos de feng shui son asimétricos y el centro (el *tai chi*) se deja despejado. Sin embargo, sea cual sea el estilo de su jardín o patio puede aplicar el feng shui eficazmente.

Piense en su jardín como una extensión de la casa (dentro del mismo pa kua). Con el feng shui puede conectar las energías interiores con las exteriores. El chi de su jardín fluirá por toda la casa, complementando las energías interiores.

Distribuir su jardín

Primero, necesita tener claro cómo quiere su jardín: definir quién lo utilizará y para qué. Entonces, decida la combinación que desea de energía yin y yang. Las distintas zonas pueden favorecer diferentes utilidades. El chi de un jardín feng shui es, a menudo, yin: relajante (*sung chih*) y sin estrés. Sin embargo, la mayoría de los jardines tienen pequeños recintos donde la energía yang es más destacable; estas áreas son mejores para las actividades sociales y familiares.

Para los caminos y los arriates son mejores los trazos curvos y serpenteantes que los rectos. Las curvas permiten que el chi circule de manera suave, despacio y con provecho. ¡También son protectoras, ya que la tradición china enseña que los diablos y espíritus malignos van en línea recta y no pueden seguir las curvas!

Proteger el jardín

Para obtener el máximo rendimiento de las energías de su jardín, necesita asegurarse de que sólo entra chi bueno del exterior y minimizar la cantidad de

Jardín con una buena distribución

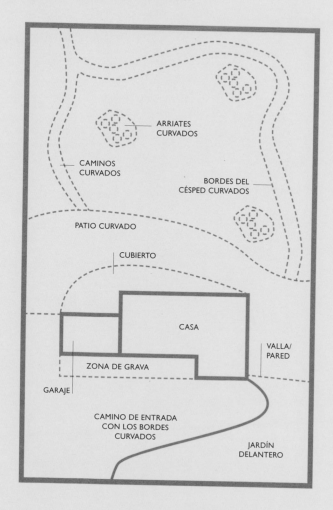

ARRIATES CURVADOS

CAMINOS CURVADOS

BORDES DEL CÉSPED CURVADOS

PATIO CURVADO

CUBIERTO

CASA

VALLA/ PARED

ZONA DE GRAVA

GARAJE

CAMINO DE ENTRADA CON LOS BORDES CURVADOS

JARDÍN DELANTERO

chi perjudicial. Busque el origen de los problemas, sobre todo las flechas venenosas que producen chi que circula muy rápido y golpea su casa violentamente. Utilice plantas o vallas para proteger su casa.

Si tiene vecinos ruidosos o desagradables, puede proteger su espacio con bambú; los más beneficiosos y menos invasivos son *Phyllostachys* y/o *Fargesia*. Otra alternativa es utilizar lo que los chinos llaman «la boca del cañón». Vuelque unas macetas de terracota en ángulo fijo y con las bocas apuntando al problema, para echar el chi perjudicial del jardín.

Si quiere ser discreto, puede ocultar las macetas con plantas o con un jardín de rocalla.

Despertar el aliento del dragón

El dragón, el animal más poderoso y afortunado en feng shui, vive simbólicamente en los paisajes ondulados. Así que es una buena idea crear diferentes

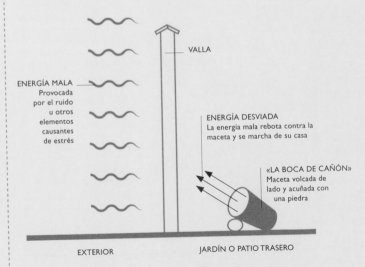

VALLA

ENERGÍA MALA
Provocada
por el ruido
u otros
elementos
causantes
de estrés

ENERGÍA DESVIADA
La energía mala rebota contra la
maceta y se marcha de su casa

«LA BOCA DE CAÑÓN»
Maceta volcada de
lado y acuñada con
una piedra

EXTERIOR   JARDÍN O PATIO TRASERO

niveles de suelo en su jardín, como las colinas redondeadas de la morada del dragón, para estimular el «aliento del dragón» (*sheng chi*), o chi beneficioso. Las zonas más bajas, con asientos y plantas decorativas, ofrecen espacios

ASESORAMIENTO ESPECIAL

Problema: su jardín está amenazado por una «flecha venenosa».

Solución: plante setos, bambúes o árboles altos para protegerse del problema. Al borde del jardín puede poner un seto o una planta espinosa, como un acebo, que actúan como «guerreros protectores». Otra solución es una pared o una valla, pero no la construya demasiado alta o puede aislar la casa de su entorno.

solitarios e íntimos, y también hacen que las vallas parezcan más altas y protectoras. Los ejemplos de zonas elevadas beneficiosas incluyen los jardines de rocalla, de plantas alpinas y los de hierbas, cerca de cocinas.

Diseños de este tipo también obedecen el principio oriental de que nunca debería verse todo el jardín desde un solo punto estratégico. Lo ideal sería que pudiera recorrer su jardín pasando por distintos ambientes y con bonitas sorpresas como esculturas, fuentes o arbustos en flor. La luz del sol y la sombra también pueden ayudar a crear distintos ambientes y energías.

Equilibrio y proporción

En un jardín feng shui, «menos es más» (*chiao te, chiao ta te*). El jardín debe ser espacioso y no estar abarrotado. Las plantas y los demás objetos deben estar en proporción y nada debe dominar ni sobrecargar el espacio. Deje siempre el centro del jardín despejado sin grandes plantas, adornos o cobertizos.

Cualquier cosa que plante o ponga en el jardín debe parecer natural, como si llevara mucho tiempo ahí. Para crear un interés adicional y fomentar

曲线与色彩

el chi bueno, necesita incluir una variedad de texturas, alturas y formas. Es una buena práctica plantar de manera asimétrica arbustos y árboles.

Completar las zonas perdidas

Si su casa tiene zonas perdidas o tiene forma de «L», puede corregir el problema completando las zonas de tal manera que se adapten al sector del pa kua para incluirlas en su jardín.

Una manera ideal es construir un patio y así tener una zona de comidas, actividades y para socializar. Las puertas del patio son ideales para conectar la energía de su jardín con la de su casa. También puede contar con árboles y luces. Por ejemplo, puede instalar luces brillantes en un patio situado al sur para aumentar la energía de fuego o plantar árboles bastante altos detrás de la casa para proteger la parte trasera de su propiedad. Para completar la zona perdida y darle vida, ilumine la esquina.

Verjas amistosas

Lo mejor es tener en la parte delantera de la casa unas amplias verjas «amistosas» *(men kou).* Lo ideal sería contar con dos verjas que se abrieran hacia dentro y lo bastante bajas para fomentar la energía acogedora y cordial. Las verjas deben ser de un color y de un material favorable para el sector del pa kua.

Caminos serpenteantes

El camino o sendero hacia la casa debería ser curvado para crear un chi de movimiento suave; los caminos rectos dejan que el chi fluya demasiado rápido. La ruta más favorable es de este a oeste para seguir el sol. Las superficies ideales dependen de la ubicación del pa kua. Sin embargo, evite el pavimento irregular, ya que destruye el chi.

Cubra los bordes de un camino recto o de un pavimento irregular con plantas de poca altura, como el tomillo o la manzanilla, para equilibrar las energías. Otra alternativa es situar en los bordes del camino plantas en macetas redondas que favorezcan el sector del pa kua (*véase* pág. 111).

Fuentes ornamentales

Los estanques o fuentes pueden proporcionar un fuerte flujo de chi si los coloca con cuidado. Sitúe el estanque en alguna parte donde le dé la sombra; evite las sombras demasiado profundas, ya que estancan el agua, o la plena luz del sol, que fomenta el crecimiento de las malas hierbas y algas. Es especialmente bueno que el ornamento esté visible desde el salón, el comedor o el invernadero para aumentar la energía agradable. No lo tenga enfrente de la cocina o del baño, o cerca de un montón de compost o de una fosa séptica, ya que puede incrementar la energía negativa de esas áreas. Si no puede mover la fuente, esconda el área «mala» con plantas, con una espaldera o con un jardín de rocalla, según el sector del pa kua (*véanse* págs. 112-113).

Fuentes ornamentales favorables

Los estanques de guijarro o las fuentes muy pequeñas tienen el mejor feng shui, ya que imitan las fuentes naturales. Las grandes fuentes parecen antinaturales.

Las mejores especies de peces son los de colores (tradicionalmente llamados «crías de dragones») o carpas de estanque (que se convierten en «dragones»). Lo mejor es tener nueve peces, ocho dorados y uno negro, o múltiplos de nueve. En una fuente muy pequeña instale dos peces dorados y uno negro.

曲线与色彩

Vallas y cobertizos

Las formas curvadas son las mejores para vallas y cobertizos. Las vallas verticales simbolizan el crecimiento ascendente y son preferibles a las tablillas horizontales (representan «líneas estranguladoras» que restringen el chi).

Normalmente estas estructuras son de madera; si están en un sector que no favorezca la madera, píntela o tíñala del color adecuado. Si tiene una valla, píntela del color que favorezca a la mayoría o a todos los sectores que ocupe.

Trabajar con las energías elementales

Para producir la combinación correcta de energías, necesita escoger las plantas, los adornos y las estructuras que favorezcan las ubicaciones del pa kua y que se complementen bien. El diagrama de la página siguiente le muestra los sectores y los elementos gobernantes; las áreas de la vida que puede mejorar trabajando con cada ubicación, y ejemplos de colores, materiales y características que favorecen a cada sector.

Las barbacoas funcionan bien en los sectores de fuego, tierra y madera. Sin embargo, su energía de fuego chocará con los sectores de metal y de agua.

El mejor sector para las fuentes ornamentales es el sureste, ya que aumenta la «riqueza de la vida». Las peores ubicaciones en el pa kua son el sur, el noreste y el suroeste porque la energía de estos sectores choca con el agua. La madera favorece a la mayoría de sectores, pero evite tener artículos de madera, como los cobertizos en el suroeste, ya que agotan la energía de tierra.

Los símbolos de tierra, como las grandes áreas de piedra, de pavimento o de grava, funcionan bien con los sectores de tierra y de metal, pero intente no tenerlos en el norte (agua), o en el este o el sureste (madera), ya que bloquearán las energías naturales de esos sectores.

Ubicación, ubicación, ubicación

Norte: aquí funcionan bien los verdes y azules, los azules oscuros o un poco de negro (agua), y los blancos, cremas o grises (metal). Un jardín en el norte es ideal para una fuente o una pileta para pájaros. Un buen adorno sería una

Los elementos en su jardín

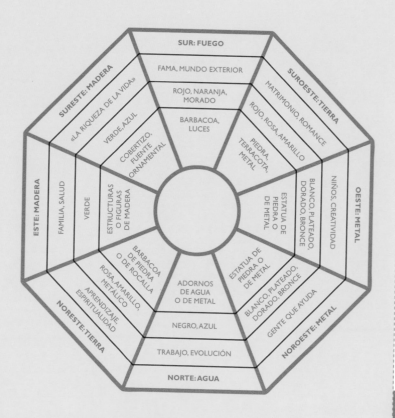

tortuga (animal simbólico del norte) o una figura de «guerrero protector» como un samurái o el *David* de Miguel Ángel. Asegúrese de que las estatuas no den a la cocina, al baño o al montón de compost, ya que pueden incrementar el chi malo de esas zonas.

Noreste: el chi en el noreste apoya la espiritualidad, así que es un buen sitio para una zona tranquila o para hacer artes marciales, yoga o meditación. Puede aumentar el chi con luces o con adornos espirituales como un Buda. Un jardín en el noreste está gobernado por la tierra, ideal para tener macetas de terracota, guijarros, grava o, incluso, construcciones de piedra. Las hierbas y las plantas alpinas van bien en esta zona; escoja naranjas y rojos (fuego), o rosas y amarillos (tierra). Los colores metálicos le sientan bien.

Este: el este apoya la familia, la salud, la longevidad y la ambición. Estimule la energía de madera con mucho verde, algo de amarillo, rojo, morado y un poco de azul. El bambú, los pinos y los crisantemos amarillos fomentan la longevidad, y los árboles frutales decorativos introducen chi beneficioso. Un jardín en el este es ideal para un cobertizo, una espaldera o una escultura de madera (como una grulla o un ciervo, símbolos de longevidad). También puede representar el dragón, animal simbólico del este, con una pequeña área elevada o una estatua.

Sureste: aquí el chi proporciona la «riqueza de la vida». Para aumentar la energía de madera, tenga muchos arbustos pequeños de hoja perenne o césped. Los mejores colores para este sector son los verdes, amarillos y azules. Una fuente traerá buena suerte; los estanques de peces son especialmente favorables. Otra alternativa es tener la estatua de una rana o de un pez, o una colección de conchas.

Sur: el sur simboliza la sociabilidad y la comunicación, es ideal para fiestas y barbacoas. Este sector tiene que estar bien iluminado. Escoja flores y arbustos en colores rojos, amarillos, naranjas y morados; los fucsias son excelentes, ya que son colores encendidos y parecen pequeñas farolas. Los verdes (madera) también son beneficiosos. Es una buena zona para los cobertizos, el pavimento o la grava. Una decoración ideal sería la estatua de un fénix, gallo, loro o faisán, o, incluso, algunas aves vivas como los pavos reales.

Suroeste: el suroeste simboliza las relaciones y las parejas, es ideal para un jardín escondido. Los colores en este sector son el rosa o el amarillo (tierra), o toques de naranja, rojo o morado (fuego); el plateado o el dorado son también beneficiosos porque mezclan tierra y metal. Asimismo funcionan bien la tierra y la grava, y los adornos de terracota, piedra o metal. Estatuas en pareja, de amantes o de pájaros, traen buena suerte; los símbolos tradicionales son las grullas y los patos mandarines (se cree que tienen una sola pareja en su vida).

Oeste: el oeste es el sector de los niños, de los nuevos proyectos, de la solución de problemas, del placer, de la creatividad y de la relajación. Aumente su energía de metal con colores blancos, cremas, grises, plateados y dorados, y con adornos de metal brillantes y redondeados. Además, puede mezclar los símbolos de metal con los de tierra como las flores rosas o amarillas, las piedras o las macetas de terracota. El oeste es el reino del tigre blanco cuya fuerza imprevisible se tiene que controlar; plante flores aromáticas de color blanco, crema, rosa o lavanda para «mantener el tigre dormido».

Noroeste: el noroeste es la zona de la gente que ayuda, de los contactos y de la eliminación de los obstáculos. Los colores que se utilizan en el oeste también son beneficiosos aquí. Puede aumentar el chi de un jardín en este sector con adoquines redondeados, con piedra o con grava y con esculturas de piedra o de metal, especialmente de «guerreros protectores» como en el norte.

ESPACIO DE TRABAJO

La guarida del dragón

Si desea distribuir un espacio de trabajo de manera distinta o sólo adaptar una parte de una habitación, conviértala en un espacio de trabajo de verdad. Tal y como dicen los chinos: «Cuando se siente…siéntese. Cuando se levante…levántese. ¡No se tambalee!». Intente hacerlo diferente al resto de la casa o de la habitación para que no parezca o se sienta como en casa. Mientras esté trabajando, deje que el trabajo le absorba. Después, cierre la puerta u ordene el espacio y déjelo atrás.

Los espacios de trabajo necesitan chi yang, energía activa que le apoyará y le dará determinación y fuerza cuando su propia energía empiece a decaer. Necesita que el espacio de trabajo se adapte bien a usted.

El asiento de poder

Su escritorio debería controlar la habitación. Lo ideal sería que estuviese en una esquina con paredes sólidas detrás y con una buena visión de la ventana y de la puerta. Esta posición se llama tradicionalmente la «guarida del dragón» (*lung shou hsueh*) o «donde el tigre salta, el dragón vuela». También se llama «la posición del jefe».

Esta ubicación forma una base fuerte. Su chi estimulará la toma de decisiones, la resolución de problemas, la autoridad y la determinación. Intente evitar las posiciones que no tengan visión de la puerta o de la ventana, o de espaldas a puertas, ventanas o largos pasillos; le pueden hacer sentirse inseguro e inquieto. Estas ideas se desarrollaron hace siglos, cuando se utilizaba el feng shui solamente para beneficiar a los ricos y a los poderosos en China. Estas personas lo aplicaban para protegerse de los ataques y de los asesinatos.

Una «guarida de dragón» clásica

ARMARIO, ESTANTERÍA

PUERTA

ARMARIOS

ESPACIO DESPEJADO

VENTANA

ESCRITORIO
Sitio seguro en la esquina más lejana de la habitación con buena vista de la puerta y de la ventana

SILLA

EQUIPOS DE COMUNICACIÓN
Impresora, fax, fotocopiadora

Escritorio (de cerca)

FLEXO
Colocado en la esquina superior izquierda (área relacionada al noroeste del pa kua) para estimular la energía de trabajo

ORDENADOR

SÍMBOLO DE AGUA
Una imagen de agua o un adorno: un pez o una rana para fomentar el progreso

TELÉFONO

TRABAJO PENDIENTE

TECLADO

TRABAJO REALIZADO

ASESORAMIENTO ESPECIAL

Problema: *no tiene otra opción que sentarse de espaldas a la puerta o a una ventana grande.*

Solución: utilice una silla con un respaldo alto para proteger su espalda. Las persianas verticales le pueden proteger de una ventana. (No utilice nunca persianas venecianas porque sus líneas horizontales «cortan» el chi.) Además, coloque un espejo pequeño, un cuadro con un marco reflectante o un bol o jarrón redondo y brillante en el escritorio para que se refleje la ventana o la puerta.

Para hacer que su asiento sea todavía más seguro, escoja una silla con un respaldo alto. Este tipo de silla es como una lápida tradicional china: de apoyo y de protección. Por otro lado, los asientos bajos debilitarán su energía.

Activar su espacio de trabajo

Mantenga su escritorio tan ordenado como sea posible para dejar que el chi fluya libremente. Tenga espacio para su bandeja de entrada y la bandeja de salida, y mantenga el material de trabajo aparte si no lo utiliza. Guarde el material nuevo en cajones o armarios.

Puede ser favorable tener, en la pared de detrás, un cuadro de una montaña. Le protegerá de la misma manera que una montaña protege a un edificio.

Para fomentar el progreso, puede poner un símbolo pequeño de agua en el escritorio. Es tradicional tener una figurita de una carpa, pero también van bien un adorno de metal brillante en forma de pez, una concha, una imagen del mar o de una cascada.

También es útil poner el flexo en la esquina superior izquierda del escritorio: esta zona se relaciona con el sector noroeste del pa kua que tiene que ver con las personas que ayudan y la eliminación de obstáculos. Conviene encender la lámpara media hora antes de empezar a trabajar. Esto crea un ambiente lleno de energía conocido como el «lugar de la mente brillante» (*kuang hain fang chih*).

Estimular el chi útil

Mantenga el centro de la zona de trabajo despejado para fomentar un flujo de chi suave y curvado. Las esquinas afiladas de las paredes y de los muebles pueden estimular los niveles de energía, pero si hay demasiados bordes rectos pueden provocar estrés, dolores de cabeza, tortícolis, mal humor y dolor ocular. Suavice estos bordes utilizando luces como focos o flexos; accesorios redondos de metal si su oficina está en ubicaciones de metal o tierra, o plantas de hojas anchas en sectores de madera o de fuego. Si su oficina tiene espacios oscuros, donde se pueda estancar el chi, ponga una planta o un ordenador en esa zona, para mover la energía.

Si su oficina está cerca o enfrente de un cuarto de baño, el efecto de drenaje del agua sucia puede absorber la energía positiva de su casa. «Esconda» el cuarto de baño y bloquee su energía colgando un espejo en la parte exterior de la puerta.

Es mejor poner los estantes en la esquina más lejana de su espacio de trabajo. No los tenga demasiado cerca del escritorio, ya que forman «líneas estranguladoras» que escinden el chi. Si debe tener los estantes cerca del escritorio, coloque los libros en vertical y de tal manera que sus lomos coincidan con los bordes de los estantes.

Comprobar la iluminación

Asegúrese de que tiene suficiente luz natural y artificial para estimular el chi. Para la iluminación general, los bañadores de techo son mejores que las luces cenitales, ya que dirigen el chi hacia arriba.

El poder de los ordenadores

Los ordenadores generan energía yang buena y pueden ser especialmente beneficiosos en los sectores este o noroeste del pa kua. Puede ser útil colocar un cristal amatista sobre el monitor; el cristal purificará el chi y combatirá la electricidad estática que de lo contrario le causaría estrés y dolores de cabeza.

Si tiene equipos tales como un fax o un escáner, póngalos en una mesa aparte y contra una pared sólida. La mejor posición es en el sector sur del pa kua, donde la energía fomenta la comunicación y las conexiones con el mundo exterior.

Espacios para diferentes actividades

Si tiene toda una habitación para su espacio de trabajo, divídala según las funciones. Escoja uno para realizar su trabajo principal y otro para las actividades o para la comunicación. Si el trabajo incluye recibir visitas, necesitará un tercer espacio.

Si su habitación ocupa más de un sector del pa kua, sitúe su espacio de trabajo en el sector donde esté la energía más activa. Si normalmente recibe visitas, coloque una mesa no demasiado alta y un par de sillas cómodas en un sector donde la energía sea más reducida (el suroeste).

Organizar el espacio para acontecimientos en grupo

Es mejor celebrar los acontecimientos en grupo, como las reuniones, en una habitación separada de su oficina. A menudo, las salas de reuniones ocupan más de un sector del pa kua. La mejor combinación es este/sureste/sur, ya que las energías en estos sectores apoyan la riqueza, las relaciones sólidas y la sociabilidad, pero se puede utilizar cualquier combinación de sectores.

En una reunión formal, el presidente debe sentarse lo más lejos posible de la puerta, con paredes sólidas detrás y una clara visión de la puerta y de las ventanas. Este asiento, llamado la posición del «invitado de honor», proporciona protección y autoridad. Para las reuniones formales, utilice una mesa rectangular situada en un ligero ángulo para guiar el chi en un camino

Planificar una reunión

Si va a celebrar una reunión en su casa, y en ella se van a realizar diferentes actividades, destine cada actividad a una zona distinta. En un espacio que ocupe dos o tres sectores del pa kua puede utilizar la energía de cada zona. En este ejemplo, la mesa de reunión está en el norte, donde la energía fomenta el trabajo y el progreso. Hay una zona de presentación en el noreste, sector relacionado con el aprendizaje. La habitación también tiene un área informal en el este, donde el chi apoya la ambición; el este también está asociado con la salud, así que sería útil poner una mesa de comida.

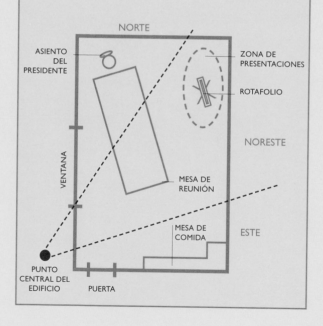

curvado. Para las reuniones informales es mejor tener una mesa redonda, para que todos tengan igual importancia.

Colores que favorezcan su trabajo

Cuando escoja la decoración, tenga presente la actividad principal que realizará en la habitación. Los colores vivos son más yang y estimularán su energía, mientras que los colores oscuros y pastel son más yin y tienen un efecto más tranquilizador. Son mejores dos o tres colores lisos que un estampado.

El amarillo va bien en cualquier sector del pa kua y área de trabajo, ya que estimula el chi y fomenta la comunicación. Si su trabajo es especialmente estresante, rodéese de colores de tierra, como terracota, caramelo o albaricoque, para calmarle y apoyarle.

Cuando su espacio de trabajo ocupa dos o más sectores del pa kua y la decoración no es la correcta para un sector, cubra el color o el material «equivocado» con símbolos del elemento correcto (*véase* pág. 101).

Aplicar el pa kua en su espacio de trabajo

Si el espacio de trabajo está dentro de su casa, estará incluido en el pa kua de la casa. Sin embargo, el lugar ideal para un área de trabajo es un cobertizo o un garaje con un pa kua propio, por ser un edificio independiente.

Ubicación, ubicación, ubicación

Norte: en el norte, el chi da una fuerte protección y anima el progreso y la ambición. Buenos colores son: blanco, crema, gris, dorado, plateado y negro. Un suelo de madera es perfecto, al igual que un mobiliario cromado o de acero inoxidable. También puede utilizar colores verdes vivos y plantas de hojas anchas.

Noreste: el chi en el noreste ayuda a tomar decisiones, estudiar y a la agilidad mental. Estimúlelo con colores vivos y de tierra, como el terracota, el amarillo, el lila y el caramelo. Añada la energía activa de metal del blanco, del crema y del gris, y muebles de acero inoxidable o cromados.

Este, sureste: estos sectores son buenos para el trabajo administrativo en general. El este alimenta la ambición, mientras que el sureste representa la prosperidad y la «riqueza de la vida». Los colores apropiados son los verdes (madera), amarillos y unos toques de rojo o morado (fuego). Los suelos de madera son ideales. Las plantas y fuentes estimulan el chi útil.

Sur: si trabaja en medios de comunicación o en ventas, una oficina aquí es ideal para que ascienda. El sur conecta la casa con el mundo exterior; también representa la sociabilidad, la reputación y la comunicación. Estimule la energía de fuego gobernante con amarillos, rojos y morados brillantes y vivos, y con mobiliario y suelos de madera.

Suroeste: en este sector, el chi es demasiado lento para tomar decisiones o fijar objetivos. Sin embargo, el suroeste puede utilizarse para las consultas, las terapias individuales o los recursos humanos. En este caso, aumente la energía de tierra del sector con colores de tierra cálidos, e incluya colores y objetos metálicos.

Oeste: tener una oficina aquí es perfecto para la creatividad, la resolución de problemas, el pensamiento lateral y para los nuevos proyectos. Escoja colores y objetos de metal, como blanco, crema, gris, cromo, plateado, dorado y acero inoxidable. Añada colores de tierra, vivos, para una combinación estimulante.

Noroeste: este sector es ideal si ostenta una posición directiva; tradicionalmente se conoce como «la posición del jefe». No permita que nadie lo ocupe. El color más beneficioso es el gris plateado, que representa la autoridad y la toma de decisiones. También puede añadir más metal, e incluir símbolos de tierra para formar una mezcla rica de energías.

现代家居之传统方式

LOS FACTORES MODERNOS DEL FENG SHUI

Nuestro atareado entorno del siglo XXI nos ofrece muchas comodidades, pero también dificulta el flujo de chi natural. La información de esta sección le muestra cómo utilizar el feng shui para aprovechar al máximo el chi que entra en su casa procedente del entorno, y cómo protegerse de las energías alteradas. También aprenderá cómo darle a su casa una ráfaga de energía nueva.

从
坏
到
好

SOLUCIONAR LOS PROBLEMAS DE UBICACIÓN

Consejos para mejorar

De la misma manera que las personas están afectadas por la energía de sus casas, los edificios están influenciados por el equilibrio global de las energías del paisaje. En el feng shui tradicional se dice que «todo está conectado con todo» (*ch'uan pu lien chieh*). Una buena ubicación puede aumentar el flujo natural de chi que absorben usted y su casa. Por otro lado, los lugares que están asociados con la velocidad y el ruido o con el dolor, la muerte, el estancamiento y el abandono pueden tener un efecto perjudicial en usted.

Este capítulo empieza mostrándole lugares con un feng shui ideal. Sin embargo, aunque su casa no esté en un sitio perfecto o tiene fuentes de energía negativa en su entorno, no hay por qué preocuparse, el feng shui puede ayudarle a aprovechar al máximo una ubicación.

Paisajes ideales

Los antiguos maestros de feng shui eligieron ciertas características de los paisajes que apoyarían a las personas que vivieran ahí y aumentarían el «aliento del dragón» o la forma ideal del chi (*véase* pág. 39). Dos ejemplos son las colinas y las montañas redondeadas que rodean un lugar para protegerlo y las cascadas y riachuelos que representan el progreso, el crecimiento y el viaje. Estas ideas pueden adaptarse fácilmente al mundo actual.

En un sitio ideal, el lado del «dragón» (la parte izquierda mirando desde la puerta principal hacia el interior de la casa) sería ligeramente más alto que el lado del «tigre» (la parte derecha). La parte trasera de la casa estaría protegida por las colinas, por los edificios o, incluso, por los árboles altos. Una pared baja o un seto delante de casa proporcionará protección y apoyo.

Buenas ubicaciones

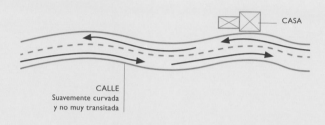

CASA

CALLE
Suavemente curvada
y no muy transitada

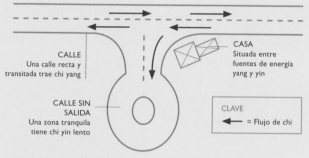

CALLE
Una calle recta y
transitada trae chi yang

CASA
Situada entre
fuentes de energía
yang y yin

**CALLE SIN
SALIDA**
Una zona tranquila
tiene chi yin lento

CLAVE
◄━━ = Flujo de chi

Calles beneficiosas

Las calles tienen el mismo flujo de energía que los ríos. El mejor sitio para una casa es al lado de una calle de doble sentido que vaya paralela a la parte frontal de la casa. Preferentemente, la calle debería ser curvada y ni muy animada ni muy tranquila para que produzca un flujo de chi saludable. Los pasos de peatones o los semáforos que controlan el movimiento del tráfico también son beneficiosos.

Otra posición buena es un punto de transición entre un área muy yin y otra muy yang, ya que se mezclan las dos energías. Un ejemplo es una casa en la entrada de una calle sin salida: está en un punto de transición entre la energía yin de la calle «en fondo de saco» y la energía yang de la calle exterior.

El chi acelerado

Los maestros de feng shui solían identificar los sitios como «peligrosos» si estaban demasiado cerca de agua, casi rodeados por agua o directamente frente al agua en movimiento. En la vida moderna, las calles pueden presentar los mismos riesgos. Las vías rápidas y transitadas, los pasos elevados y los ferrocarriles aceleran la energía alrededor de su casa, haciéndola más yang. Hacen que el chi pase de largo de su propiedad, en vez de entrar. Si se imagina las calles como ríos, las vías concurridas, sean rectas o de sentido único, pueden mermar la energía de las casas en ambos lados, de la misma manera que los ríos de flujo rápido pueden erosionar las orillas.

Las flechas venenosas

Las flechas venenosas son una forma de chi malo, que golpea directamente su casa. Las flechas provienen de esquinas o de bordes afilados, incluidas las cumbreras, las esquinas de muros, las farolas o las paradas de autobús, los cruces en T de carreteras, las torres de alta tensión y de telefonía móvil, las líneas y las subestaciones eléctricas.

Por ejemplo, una casa en un cruce en T es como si estuviera enfrente de un río rápido. Imagínese la carretera como un río crecido que se precipita hacia la casa. El flujo de chi va demasiado rápido y puede provocar estrés, discusiones y enfermedades; en China y en Japón, una casa ahí se llama «casa de lo efímero». Debe tomar medidas específicas para protegerse de las flechas venenosas (*véase* pág. 130).

Chi tóxico estancado

Ciertas características de un paisaje reducen el chi, haciéndolo demasiado yin para que sea útil. Los chinos se refieren a este chi yin estancado e inmóvil como «apestoso» (*fa ch'ou wei*). Los ejemplos más obvios son los charcos de agua estancada. También los lugares antiguos, cementerios, campos de batalla y necrópolis, que recuerdan la muerte, emiten esta energía. Para entender el efecto tóxico, imagínese el agua que empapa un cementerio y compárela con el agua corriente, pura y limpia.

En los pueblos o ciudades modernas, los sitios relacionados con la muerte incluyen las consultas de los médicos, dentistas y veterinarios, los hospitales y los tanatorios. Una calle demasiado tranquila o el final de una calle sin salida pueden retener la energía estancada, al igual que un río lento o un estanque oscuro y maloliente.

Malas ubicaciones para una casa

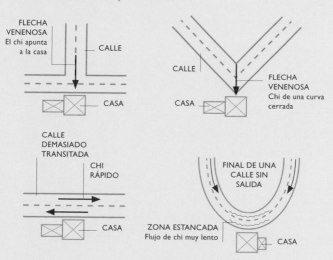

La presencia de un avispero puede ser una señal inusual de chi yin estancado dentro o alrededor de su casa. Las avispas, a menudo, sienten atracción por el chi yin y construyen nidos cerca de agua estancada o de goteras.

Energía electromagnética

El feng shui enseña que todo está compuesto de vibraciones. Ciertas clases de vibraciones se perciben, incluso, en nuestro día a día. El sonido está formado por ondas compuestas que se mueven a través del aire, del agua o de las sustancias sólidas.

La energía electromagnética es otra clase. Se produce como la luz (cuyos colores son diferentes vibraciones). También puede generarse con algunos objetos hechos por el hombre, desde los teléfonos móviles hasta las subestaciones eléctricas.

Estamos rodeados de una «sopa» electromagnética que nuestros cuerpos absorben. Si la «sopa» no está hecha con ingredientes naturales, perjudicará nuestro chi y dañará nuestro sistema. Hay personas que son especialmente sensibles a esta energía, pero nos puede afectar a todos.

En el paisaje, las torres de alta tensión y de telefonía móvil, y las subestaciones eléctricas producen focos calientes de energía giratoria o en espiral, que pueden afectar negativamente a nuestro sistema inmunológico. Como resultado de ello, las personas pueden absorber un chi de «microondas» e interferencias. Algunos estudios han indicado que enfermedades como la encefalomielitis miálgica, la esclerosis múltiple y varios tipos de cáncer podrían relacionarse con esta energía distorsionante.

Las corrientes negras

Las interferencias de la energía electromagnética también se pueden generar bajo tierra, formando «corrientes negras» o líneas de tensión geopática. Una fuente de corrientes negras es el agua, como los arroyos y los pozos. La fuente más poderosa son las líneas Ley: una fuerte energía electromagnética en movimiento. En tiempos pasados, las líneas Ley, o los sitios donde se cruzaban, se utilizaban para celebrar reuniones de brujas, e incluso como asentamiento de iglesias y otros lugares sagrados.

En mi trabajo me he encontrado con corrientes negras en aproximadamente una de cada 30 casas. Suelen aparecer en áreas llanas y pantanosas con muchas zanjas de desagüe y estanques, o en áreas montañosas o accidentadas con duras rocas por las que fluye el agua. A veces, una corriente debajo de una casa la «parte en dos» alterando su chi. El problema puede empeorar por la cercanía de torres de alta tensión, o de telefonía móvil o de subestaciones.

Personas altamente sensibles

Ciertas personas son más susceptibles que otras a las corrientes negras. Los animales también lo son. Por ejemplo, los perros tienen energía yang y evitarán estos sitios. Sin embargo, los gatos tienen más energía yin y pueden llegar a dormir en sitios encima de corrientes negras. Hay personas que son sensibles a cualquier fuente de energía electromagnética, y la mezcla de corrientes negras naturales con energía alterada por las fuentes de creación humana puede ser devastadora para su nivel de energía.

Desviar la energía perjudicial

La respuesta a cualquiera de estos problemas medioambientales es normalmente la misma. Proteja su casa creando una barrera o un campo de buena energía entre usted y la fuente de chi perjudicial. La regla del feng shui es: si puede ver un problema, le puede afectar, pero si lo puede ocultar o esconder, ayuda a quitar el efecto.

Aunque usted pueda evitar las fuentes de energía electromagnéticas de su alrededor (o por lo menos protegerse de ellas), las corrientes negras son muy difíciles de encontrar y de sanar. Lo mejor sería pedir ayuda a un experto en feng shui. La única manera de encontrarlas es buscar agua: yo utilizo varillas metálicas o cristales para detectar la energía. Es posible bloquear la energía de una corriente negra utilizando símbolos de tierra, como colores de tierra, piedras, baldosas o cristales, pero resulta difícil.

Estimular el chi bueno

Si tiene un jardín, utilícelo como «foso» protector. Las paredes o vallas, los setos, los árboles o las hileras de bambú también son una buena manera para esconder las características peligrosas y detener la entrada del chi perjudicial.

Protegerse de las flechas venenosas

Las puertas y las ventanas dejan que el chi entre en su casa, así que necesita comprobarlas una por una en busca de flechas venenosas. En las ventanas, las persianas verticales pueden ayudar a dispersar el chi perjudicial. También pueden ser muy eficaces en la ventana las plantas o los adornos metálicos redondeados, dependiendo del sector del pa kua. Los cristales de cuarzo transparente son un remedio tradicional; aunque si no le gustan, puede utilizar un adorno o un bol de cristal.

También puede colocar figuras protectoras en el alféizar mirando hacia las flechas venenosas. Los perros son guardianes ideales, así que si tiene un perro, una imagen suya vendría muy bien. Otros buenos protectores son los animales feroces como los leones, los guepardos o los osos. Sin embargo, no utilice un tigre, ya que su energía es demasiado fuerte para las casas.

Tradicionalmente, los chinos utilizan figuras de «guerreros protectores» (chan shih) como el Kuan Kong (dios de la riqueza y de la protección). Un equivalente moderno podría ser una fotografía de un líder que admire o de un personaje ejemplar.

Identificar los problemas alrededor de su casa

Sabemos cómo pueden llegar a agobiarnos el goteo del fregadero, la música muy alta o la alarma repetitiva de un coche. Del mismo modo, un sistema energético con fugas o ruidos a nuestro alrededor dañará gradualmente nuestro propio chi. Necesita aplicar los fundamentos del feng shui: consciencia, equilibrio y control. Si tiene un problema, primero debe encontrar qué lo está causando, luego equilibre las energías y téngalo controlado.

Al adquirir una casa nueva, intente evitar tantos aspectos problemáticos como le sea posible. Siempre que realizo una consulta, compruebo los mapas antes de visitar el lugar y cuando doy un paseo por ahí pregunto a los residentes las características buenas y malas. Un buen examen es mirar por cada ventana y anotar lo que se ve. Todo lo que puede ver le afectará.

¿Ha observado un problema?

Pregúntese las siguientes cuestiones para saber si tiene alguno de los problemas tratados en este capítulo.

- ¿Le hace sentir incómodo el ambiente en su casa o en una habitación en concreto?
- ¿Ha sufrido algún problema de salud desde que se mudó a su casa?
- Si tiene un problema de salud ¿se siente mejor cuando esta fuera de su casa durante un tiempo?
- ¿Puede ver alguna flecha venenosa desde las puertas o desde las ventanas?
- ¿Tiene alguna fuente de chi yin tóxico, como una calle sin salida o un cementerio, cerca de su casa?
- ¿Tiene alguna torre de alta tensión o de telefonía móvil u otra fuente de electricidad cerca de su casa?
- ¿Se han construido carreteras, redes de alcantarillado, de electricidad o torres de telefonía cerca de su casa en los últimos años?
- ¿Ha sufrido algún problema de salud o en su vida después de la instalación de estos nuevos elementos?

VENDER O REVITALIZAR SU CASA
Refrescar energías

Este capítulo presenta consejos simples y prácticos para ayudarle a refrescar las energías de su casa. Son más útiles si vende su casa, ya que permitirán que entre nueva energía y le animarán a mudarse. Algunos se pueden utilizar cuando pone la casa en venta, mientras que otros proporcionan un estímulo instantáneo cuando los posibles compradores están a punto de llegar.

También puede aplicar estos remedios si ha realizado un cambio importante en su casa, como una ampliación o cambiar el uso de una habitación; le permitirán aprovechar al máximo la nueva energía.

Por último, estos consejos le pueden ayudar a prepararse para cambios en su vida, como el matrimonio, la llegada de un bebé o un trabajo nuevo, o antes de una gran celebración familiar; puede utilizarlos para ajustar el chi de su casa simplemente para aumentar los niveles de su propia energía. O bien, pueden aliviarle durante una crisis personal o familiar, o durante un largo y oscuro invierno.

Preparar su casa para la venta

Si quiere vender su casa, necesita prepararse para mudarse y permitir que la energía nueva entre en la propiedad. Los siguientes consejos le ayudarán a dar este paso. También harán que la casa sea más acogedora para los posibles compradores.

- Empiece a empaquetar sus cosas. Si es posible, guarde todas las cajas en una habitación y cúbralas con sábanas protectoras. Esto demostrará a los posibles compradores que se quiere mudar de verdad y que, simbólicamente, ya ha empezado a hacerlo.

- Guarde las fotografías familiares o los adornos personales, como los peluches, antes de mostrar la casa a alguien. Empiece vaciando las habitaciones de sus cosas personales, así la casa parecerá menos su hogar. Las habitaciones y los otros espacios serán como lienzos blancos que permitirán a los futuros compradores imaginarse a sí mismos decorando y viviendo en la casa.

- Encienda todas las luces de la casa dos o tres horas antes de que vengan a visitarla para mover y estimular el chi. Es especialmente importante encender las luces de las habitaciones que nunca o casi nunca utiliza, como los dormitorios para los invitados o los cuartos de juegos.

- Deje entrar abundante luz natural en el vestíbulo y en el rellano o encienda las luces y manténgalas brillantes mientras las personas están mirando alrededor.

- Dé más brillo al salón con mucha luz y añadiendo unos toques de colores vivos yang en mobiliario y accesorios, así como unos jarrones con flores frescas.

- Asegúrese de que en los dormitorios todas las camas están recién hechas. Tenga mesitas y lámparas iguales en ambos lados de la cama de matrimonio para fomentar energías armoniosas.

- Limpie y ordene las habitaciones antes de que llegue la visita para refrescar el chi. Además, cierre las puertas de todas las habitaciones para que cada cuarto conserve su particular energía.

- Antes que nada, lleve a los interesados a la cocina, ya que ésta es la «sala de máquinas» de la casa y desde ahí trabaje hacia fuera.

Mezclar chi yin y yang

Para conseguir una combinación de energías acorde a su estilo de vida, primero necesita saber qué intenciones tiene con toda su propiedad. Procure decidir si quiere un refugio tranquilo (más yin) o un espacio activo (más yang). Un ambiente más yin puede ser calmante si tiene un trabajo o una vida familiar estresante, o para cuidar niños pequeños o personas mayores; una sensación más yang puede ayudarle si trabaja en casa. Las casas rurales son más yin, mientras que los apartamentos tienden a ser más yang. También necesita equilibrar las energías de su casa con las características yin y yang del paisaje.

Utilice las siguientes preguntas para determinar su mezcla correcta de yin y yang. Una vez hecho esto, mire el equilibrio de chi en cada habitación.

AÑADA MÁS YANG

- ¿Trabaja en casa?
- ¿Le gusta hacer vida social en casa?
- ¿Quiere un ascenso o un trabajo nuevo?
- ¿Se siente menos seguro o más deprimido de lo normal?
- ¿Está a punto de empezar una etapa de vida ajetreada como casarse, iniciar un nuevo trabajo o tener un hijo?

AÑADA MÁS YIN

- ¿Necesita reducir el estrés en su vida?
- ¿Viven niños pequeños o personas mayores con usted?
- ¿Tiene un trabajo muy ajetreado y agitado, y necesita un santuario?
- ¿Está a punto de retirarse y de tomarse la vida con más calma?
- ¿Tiene una enfermedad importante, como problemas cardiovasculares o emocionales?

Refrescar toda su casa

Las siguientes pautas le ayudarán a estimular el «aliento del dragón» o la mezcla ideal de chi (*véase* pág. 39) por toda su casa. También le permitirán controlar el desorden, que puede ser la fuente principal de las obstrucciones de energía. Tanto si quiere cambiar la decoración como si la quiere dejar igual, estas indicaciones refrescarán el ambiente de su casa.

• Encienda las luces durante unas cuantas horas cada día durante cinco días. Ilumine la puerta principal, tanto en el exterior como en el interior, desde que oscurezca hasta que se vaya a dormir. Durante este tiempo, estas «luces de bienvenida» aumentarán los niveles de energía de la puerta principal y del vestíbulo. Además, encienda las luces en el rellano del piso superior para elevar el chi de la planta alta y evitar que fluya escaleras abajo.

• Habitualmente, mantenga cerradas todas las puertas interiores, incluidas las puertas correderas. Al mantener las habitaciones cerradas, permitirá que desarrollen su propia mezcla de energías; cada habitación debería transmitir una sensación distinta.

• Una vez a la semana, abra todas las puertas y ventanas (salvo las puertas del cuarto de baño) para dejar circular la energía por la casa. Es mejor hacerlo por la mañana, cuando el flujo de chi es más yang y activo. Acto seguido, vuelva a cerrar las puertas como siempre para permitir que las energías refrescadas se reconstruyan.

• Tenga un propósito claramente definido para cada espacio de su casa. Mantenga cada habitación ordenada y tenga sólo las cosas necesarias; todas estas medidas le evitarán amontonar trastos.

- Si le sobra un cuarto, déle un uso específico. Sea lo que sea, téngalo ordenado para garantizar que el chi fluya libremente.

- Cualquier habitación vacía dentro de su casa tendrá energía chi rancia. Para
mejorar los niveles de energía, debería entrar en estas habitaciones todos
los días. La iluminación y el ruido también ayudarán a que el chi se mueva;
encienda las luces durante dos o tres horas al día (o, si es posible,
instale un temporizador), y ponga la radio o la música un rato.

- Si sus hijos se han ido de casa o tiene dormitorios de invitados,
entre en estas habitaciones todos los días para mantener el nivel de chi y
evitar que desarrollen una energía yin tranquila y quieta. Puede utilizar la
habitación para sentarse y leer o relajarse; de esta manera, le aporta su
energía. Encienda las luces y haga ruido o ponga la música para estimular
el chi.

- Los montones de objetos o de colecciones inútiles pueden bloquear el
flujo de chi de las habitaciones. De vez en cuando, vaya por cada habitación y despeje el desorden. Deshágase de cualquier cosa que ya no utilice, no necesite o que no le guste; tírelo, subástelo o regálelo.

- Si quiere guardar los artículos que no utiliza, póngalos en una habitación
y cúbralos con sábanas de colores apropiados según la ubicación del pa
kua. Si es posible, amontónelo todo junto y cúbralo con la misma sábana.
Si necesita guardar ciertas cosas de forma permanente, alquile un almacén y saque de su casa la «obstrucción».

Refrescar ciertos espacios

Estos consejos le ayudarán a aumentar el chi en determinadas zonas.

- Cuelgue un símbolo de «agua corriente, buena», como un pequeño espejo con un marco metálico o la imagen de una cascada, en el lado izquierdo de la puerta principal (mirándola desde dentro). Este tipo de símbolo es favorable porque representa progreso, movimiento y energía. Si ya tiene una imagen de agua, compre un símbolo nuevo para reemplazar el viejo.

- En los cuartos de baño, quite todos los símbolos de agua. Saque las plantas (simbolizan la madera) porque empeoran la energía de agua que se drena. Ponga colores de tierra, como el amarillo, y símbolos como los guijarros para controlar el agua. Mantenga la puerta cerrada y la tapa del inodoro bajada.

- Coloque pequeños cristales amatistas encima de aparatos eléctricos como los televisores, los ordenadores, los contadores de luz y las cajas de fusibles. El amatista ayuda a limpiar el chi y a combatir el efecto de agotamiento de la electricidad estática.

- Coloque flores amarillas en el salón, en el vestíbulo y en el comedor; pueden ser naturales o de seda. Estimularán el chi y animarán la comunicación y la actividad mental.

- Aumente la energía de agua en el norte de su casa con colores negros y azules, y, tal vez, con un pequeño símbolo de agua como la concha de una caracola. También puede estimular el chi con grandes plantas perennes, de hojas anchas, ya que su energía de madera apoyará el agua (*véase* el Ciclo Constructivo, pág. 35). Otra alternativa es añadir algún símbolo de metal, como los colores blancos y crema para las paredes o los muebles, o adornos de metal brillante.

- En el noreste de su casa, sobre todo si ahí tiene el salón, el comedor o el despacho, utilice focos metálicos para estimular la energía activa. Este sector también es ideal para los aparatos eléctricos, como el televisor o el equipo de música. Si lo desea, puede aumentar las energías espirituales con un Buda y con cristales redondeados de cuarzo transparente.

- Anime el este de su casa con bambú u otras plantas, y con flores, ya que todas fortalecen la energía de madera que gobierna este sector. (Sin embargo, no ponga plantas en los dormitorios; su energía es demasiado fuerte.) Las formas redondeadas, como un adorno en forma de huevo, verde o jade, son ideales para el salón.

- Para un salón, un comedor, un despacho o una ampliación en el sureste, los siguientes pasos pueden estimular el chi para la prosperidad, la salud y las relaciones sólidas. Ponga símbolos de agua, como una pecera, un cuadro de un lago u océano, o una figurita con forma de pez, de una concha o de una rana. También puede colocar un ejemplar de *Crassula* (planta china del dinero) o de *Philodendron*. Sin embargo, no utilice ninguno de estos símbolos en los dormitorios, cuartos de baño o cocinas, ya que chocan con las energías de estas estancias.

- Si tiene un salón, un despacho o un vestíbulo en el sur, aumente la energía de fuego de este sector con los colores cálidos del desierto: rojos, amarillos o morados. Las flores rojas o amarillas son perfectas para incrementar la energía. Las plantas grandes de hojas anchas también sirven. Si necesita mejorar sus contactos con el mundo exterior, coloque una fotografía o un adorno de un pájaro exótico de múltiples colores, como un faisán, un gallito, un pavo real o un fénix.

- En el sur y suroeste, sobre todo en los salones y en los comedores, coloque alfombras cuadradas o rectangulares de colores amarillos o encendidos. Las formas angulares aumentan el chi yang y los colores armonizan los elementos de estos sectores (fuego y tierra respectivamente).

- Enriquezca el suroeste de su casa con colores de tierra, como terracota, amarillo, marrón, caramelo, lila y lavanda. Estos colores aumentan la energía amable y «mimosa» de este sector y aportan una profunda armonía y estabilidad a la casa. Sin embargo, necesita quitar los símbolos de madera como las plantas, los colores verdes y los suelos o muebles de madera, y los símbolos de agua, ya que sus energías alteran el chi del suroeste.

- En el oeste, ponga muchos colores y símbolos de metal, como el blanco, crema y gris, y adornos de metal. Estos símbolos fomentarán la fuerza, la determinación y las nuevas oportunidades.

- Para aumentar el chi en el noroeste, añada adornos redondeados y de metal. Tendrán un efecto estimulador y refrescante y disiparán la energía vieja y estancada, haciendo que el chi fluya más rápido.

- En el oeste y noroeste, los boles y los jarrones de metal brillante pueden animar poderosamente el chi. El latón, el cobre, el acero inoxidable y el cromo son excelentes. Mantenga los boles vacíos, ya que tienen más poder; atraen nueva energía.

GUÍA PARA UTILIZAR EL PA KUA

Consejos para trabajar con las energías
de los sectores del pa kua

Los sectores del pa kua

El diagrama inferior muestra el pa kua. Primero da el nombre de cada sector, luego, yendo hacia dentro, muestra los ámbitos de la vida que el sector apoya, el color (o colores) y el elemento asociado, y el trigrama simbólico (y su nombre) para el sector. El pa kua se utiliza siempre con el norte hacia abajo y el sur hacia arriba. El centro, o *tai chi*, se deja siempre vacío.

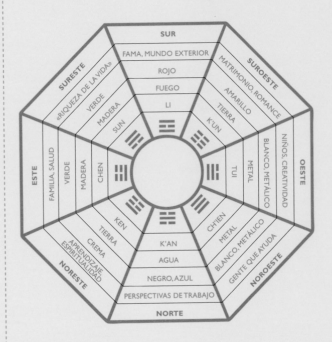

Relacionar el pa kua con sus objetivos

Puede utilizar las energías de los sectores del pa kua para que le apoyen en diferentes aspectos de su vida. La siguiente lista muestra las principales aspiraciones vitales que cada sector puede mejorar o revitalizar. El recuadro de la página 142 le muestra cómo puede combinar las fuerzas de los diferentes sectores para ayudarle a conseguir unos objetivos específicos.

NORTE · *Elemento: agua* · *Representa: el progreso estable y el movimiento, sobre todo en el trabajo* · Céntrese en el norte si quiere un ascenso, un incremento de sueldo, un trabajo más interesante o un cambio en su trabajo o carrera.

NORESTE · *Elemento: tierra* · *Representa: la espiritualidad, el aprendizaje, el estudio y la sabiduría antigua* · El chi en el noreste es fuerte y vibrante, así pues este sector es ideal para aprender un idioma, para investigar o estudiar. También estimula la energía física o espiritual, de modo que va bien para hacer yoga, tai chi, meditación o artes marciales, y apoya la medicina alternativa, como la acupuntura, el reiki o la aromaterapia.

ESTE · *Elemento: madera* · *Representa: la ambición, el crecimiento, la salud, la longevidad y el bienestar familiar* · Intente estimular este sector si desea progresar en su trabajo o mejorar la salud o las relaciones familiares.

SURESTE · *Elemento: madera* · *Representa: la «riqueza de la vida», la prosperidad, la calidad de vida y las relaciones sólidas* · Trabaje el chi del sureste si lo que desea es crecer como persona y atraer más «cosas buenas» de la vida.

SUR · *Elemento: fuego* · *Representa: los contactos con el mundo exterior* · Tradicionalmente se le llama el «vestíbulo brillante» *(ming tang)*; el sur representa la reputación, el entusiasmo y la fuerte y vibrante energía de la «elocuencia». Si trabaja en ventas, en relaciones públicas, en publicidad, en el mundo del espectáculo o en los medios, o quiere acceder a estas profesiones, debería estimular este sector. El chi también apoya la popularidad y la sociabilidad en general.

SUROESTE · *Elemento: tierra* · *Representa: la estabilidad, las relaciones íntimas y la relajación* · Este sector es ideal para las parejas; ofrece un refugio relajado y puede utilizarse para nutrir las relaciones. Si usted es psicólogo y hace terapias individuales, una habitación aquí le puede proporcionar una energía estimulante, útil en los traumas emocionales.

OESTE · *Elemento: metal* · *Representa: la creatividad, la resolución de problemas y la energía de los niños* · Intente estimular el oeste para aumentar el pensamiento lateral, las ideas originales y la creatividad, sobre todo en las artes. El oeste también es ideal para los nuevos comienzos. El chi apoya la energía de los niños, así pues puede ser útil si quiere tener un hijo.

NOROESTE · *Elemento: metal* · *Representa: la eliminación de obstáculos, las personas que ayudan, las reuniones importantes y las tomas de decisiones* · Estimular el noroeste le ayudará en la mayoría de sus objetivos. El chi apoya la firmeza, la determinación y la autoridad. El sector tiene que estar siempre controlado por el propietario o jefe; si está ocupado por los niños o por los invitados, éstos pueden tomar el mando.

SUS OBJETIVOS Y EL PA KUA

OBJETIVO EN LA VIDA	SECTOR
Mejorar la salud	Este, sur, oeste noroeste
Aumentar la confianza	Sur, oeste, norte, noroeste
Aliviar la depresión	Oeste, sur, este, norte, noroeste, noreste
Empezar de nuevo	Oeste, noroeste, sur, este, norte, noreste
Aprender e investigar	Noreste, este, sur, oeste, noroeste
Potenciar el trabajo; ascenso	Noreste, norte, este, sureste, sur, oeste
Encontrar el amor; relaciones	Sur, suroeste, oeste, noroeste
Potenciar la fertilidad	Oeste, sureste, sur, noroeste, este
Mejorar la comunicación	Sur, oeste, noroeste, oeste, sureste

Mejorar cada ubicación del pa kua

Las siguientes sugerencias le ayudarán a crear una rica mezcla de energías en cada ubicación del pa kua, sin importar de qué habitación se trate. Para más detalles sobre cómo potenciar las energías en determinadas habitaciones, *véase* el final de cada capítulo de la sección 2.

NORTE

Colores: verde (madera); azul, negro brillante (agua); blanco, crema, plateado (metal).

Materiales: todos los metales, especialmente los brillantes, como el acero inoxidable o el cromo.

Adornos: tortugas (animal simbólico del norte). Símbolos de agua, como las fuentes ornamentales, imágenes de agua, conchas, figuras de animales, como los peces, las ranas o los sapos. Objetos metálicos redondeados como los jarrones. También van bien las plantas perennes de hojas anchas como *Ficus*, *Monstera deliciosa* o *Crassula* (planta china del dinero).

Evite: colores de tierra como el terracota, el caramelo, el melocotón y el albaricoque; colores encendidos como los rojos, los morados y los amarillos.

NORESTE

Colores: terracota, caramelo, morado, melocotón, avena y negro mate (tierra); colores blancos, crema, grises y metálicos; toque de amarillos, rojos y morados (fuego).

Materiales: piedra, metal.

Adornos: objetos antiguos o espirituales, como cuadros de edificios antiguos o sagrados, montañas, Budas, ángeles o maestros. También cristales, especialmente el cuarzo transparente.

Evite: plantas, los colores verdes (madera); los azules, el agua y símbolos de agua.

ESTE

Colores: verde (madera); azul, turquesa (agua); amarillos, rojos y morados (fuego).

Materiales: madera.

Tradición popular

El este es la ubicación del dragón, de modo que es un lugar ideal para una figura de dragón. La situación perfecta, en una casa o jardín, es mirando hacia el oeste con vistas al agua. No sitúe nunca el dragón encima de la vista estando de pie, dicen que esta posición es demasiado fuerte. No lo coloque mirando hacia la cocina, cuarto de baño o puerta principal. ¡Las vistas a la cocina o al cuarto de baño son ofensivas, mientras que si orienta el dragón hacia la puerta principal está simbólicamente pidiéndoles a él y a su buena suerte que se vayan!

Adornos: plantas grandes perennes; fuentes ornamentales y símbolos de agua. Para potenciar las relaciones familiares también ayuda tener fotografías de familia, de parientes mayores o antepasados.

Evite: objetos blancos, crema, grises y metálicos; el terracota, marrón y caramelo (tierra).

SURESTE

Colores: igual que en el este (*véase* pág. 143); ambos sectores van juntos. Verde (madera); azul, turquesa (agua); amarillos, rojos y morados (fuego).

Materiales: madera.

Adornos: plantas grandes perennes; cuadros de flores o paisajes; fuentes o acuarios, y símbolos de agua. Para potenciar las relaciones familiares también ayuda tener fotografías de familia, de parientes mayores y de antepasados.

Evite: colores blancos, cremas, grises y metálicos; el terracota, marrón y caramelo (tierra).

SUR

Colores: rojos, morados, amarillos (fuego). También los verdes (madera), el terracota, los marrones, el melocotón y los lavanda (tierra).

Materiales: fuego (como en las barbacoas o chimeneas).

Adornos: luces brillantes; flores vivas, como las amapolas y los girasoles; cuadros o adornos de pájaros exóticos, como el fénix, el loro, el faisán o el gallo, o de caballos galopando. Plantas grandes, perennes. Para aumentar la comunicación y el reconocimiento, utilice carteles de sus películas o estrellas favoritas, con temas felices y positivos.

Evite: el azul, los símbolos de agua y los colores metálicos.

SUROESTE

Colores: colores de tierra, sobre todo los terracota, el blanco mate o el avena/piedra. Algunos colores blancos, cremas, grises o metálicos; toques de amarillo, rojos y morados (fuego).

Materiales: piedra, algunos metales.

Adornos: para aumentar el amor y el romance, utilice fotografías suyas con su pareja (sin nadie más), o de otros enamorados solos. Si no, utilice los adornos en pareja como velas, cristales de cuarzo rosa, luces o lámparas. También puede utilizar símbolos de tierra, amor y pasión.

Evite: plantas, los colores verdes, los azules y el agua.

OESTE

Colores: colores de metal, como el blanco, el crema, el gris; colores de tierra, como el amarillo, el terracota, el melocotón y el albaricoque.

Materiales: metales brillantes; cobre y latón, tradicionalmente llamados «transformadores de energía», se dice que son especialmente poderosos en el oeste y el noroeste.

Adornos: objetos redondeados y metálicos, como campanillas, boles y jarrones; los boles vacíos representan espacios que esperan llenarse y contienen una energía especialmente fuerte. Símbolos de diversión, creatividad y de pensamiento lateral, como la música, libros, arte surrealista o abstracto y cuadros divertidos. También puede tener una fotografía o un adorno pequeño que simbolice agua. Para potenciar la fertilidad, utilice boles vacíos o fotografías de bebés o de niños.

Evite: plantas (madera); colores o símbolos de fuego.

NOROESTE

Colores: colores metálicos, como el blanco, el crema y, especialmente, el gris plateado; algunos colores de tierra, como el terracota, el melocotón, el albaricoque y el amarillo.

Materiales: metal; piedra, mármol y granito son, particularmente, favorables.

Adornos: símbolos de poder o figurillas, como adornos de elefantes, imágenes de líderes admirados o de seres espirituales como los ángeles.

Evite: plantas (madera); colores o símbolos de fuego.

Las plantas de jardín para cada sector del pa kua

Las siguientes sugerencias incluyen plantas que mejoran cada sector del pa kua de un jardín, así como los colores y las plantas que deberían evitarse. Es una buena idea repetir plantas de un sector favorable a otro, de modo que las energías estén «repetidas» en varias zonas y estancias.

NORTE

Plantas: grupos de árboles pequeños, eucaliptos, *Ophiopogon planiscapus* «Nigrescens», victorias, evónimos, tomillos plateados y dorados, gencianas, senecios, clemátides blancas y ceanotos.

Evite: colores encendidos; colores de tierra.

NORESTE

Plantas: alpinas, hierbas, tomillos plateados y dorados, lavandas, abrótanos hembra, naranjos de México, plantas del curry, *Euphorbia*, fucsias y pequeños *Acer* rojos y dorados (arce japonés).

Evite: agua, azules; demasiados verdes, especialmente hojas perennes.

ESTE

Plantas: bambúes, por ejemplo: *Fargesia* y *Phyllostachys*; coníferas enanas, como el pino mugo, el ciprés limón; el lilo y las hortensias; manzanos silvestres, cerezos; crisantemos, fucsias, narcisos, girasoles y amapolas.

Evite: metálicos, blancos, cremas, grises; colores de tierra.

SURESTE

Plantas: igual que en el este, pero con un poco más de azules como la festuca azul, el ceanoto, el eucalipto y el enebro azul. También las perennes como la victoria, el laurel y las coníferas enanas, como el pino mugo.

Evite: metálicos, blancos, cremas, grises; colores de tierra.

SUR

Plantas: perennes, *Acer* rojos (arce japonés), azaleas, rododendros, camelias rojas, magnolias rojas, *Pieris*, amapolas, fucsias, *Euphorbia*, salvias, cilantros, aguileñas, girasoles, trítomos, narcisos, pensamientos y geranios.

Evite: azules (agua); blancos, crema y grises (metal).

Tradición popular

En China y en Japón era tradicional tener perales fuera de los teatros y a los actores se les solía llamar «los niños de los perales». Si quiere entrar en el mundo del espectáculo o de los medios, plante un peral (*Pyrus*) en el sur, sector relacionado con la fama y la reputación.

SUROESTE

Plantas: *Acer* rojos o amarillos (arce japonés), peonías rojas, también las artemisias, lavandas, senecios, abrótanos hembra, plantas del curry y naranjos de México.

Evite: demasiados verdes (madera); agua, azules.

OESTE

Plantas: colores metálicos, como el de *Carex* o *Pittosporus tobira*. Lavandas aromáticas, abrótanos hembra, madreselvas, clarines, plantas del curry, naranjos de México, camelias blancas, azaleas blancas, amarillas o rosas y durillos.

Evite: rojos y morados encendidos; demasiados verdes.

NOROESTE

Plantas: blancas, crema, grises; colores metálicos, como el de *Carex* o *Pittosporus tobira*.

Evite: demasiados verdes o de hojas perennes (madera); rojos y morados encendidos.

GLOSARIO

Aliento del dragón (sheng chi) La mezcla ideal de chi yin y yang que se mueve de forma curvada, «moderada y serpenteante» para enriquecer una zona.

Ba gua Palabra sinónima de pa kua.

Ch'ao... jih lo «El nido de la serpiente, el descanso del sol»; término chino tradicional para un dormitorio.

Ch'i may eh chi «Montar en el fénix»; crear un equilibrio de energías aumenta el éxito y la realización. También puede significar trabajar en el sector sur del pa kua, ubicación del fénix.

Chan shih «Guerrero protector»; cualquier artículo utilizado para obtener una gran protección.

Chi La energía natural que fluye alrededor y dentro de cualquier cosa del universo. Todas las cosas emiten y absorben chi.

Chia Ambiente de una casa acogedora.

Chiao ssu «Líneas estranguladoras». Líneas horizontales, como bordes de estantes, las persianas venecianas o los tendederos, que interrumpen y cortan el chi.

Chiao te, chiao ta te El principio «menos es más». Nunca llenar demasiado un espacio, ni excederse con los remedios de feng shui.

Chuang ho hsing yun «Cargado de suerte». En feng shui, el estado ideal de un edificio. A menudo, simbolizado por una mesa de comedor bien situada.

Ciclo Constructivo Una forma de interacción útil entre los Cinco Elementos. Cada elemento apoya el de sus lados. Este ciclo se utiliza para aumentar ciertas energías elementales. Los elementos en este ciclo se conocen como los «elementos amigos» (*yu shan te yao su*).

Ciclo Destructivo Interacción desafiante entre los Cinco Elementos, que se atacan los unos a los otros. En feng shui, necesita evitar choques entre los elementos. Sin embargo, también puede utilizar el Ciclo Destructivo para bloquear la energía perjudicial.

Cinco Elementos Metal, tierra, fuego, agua y madera. También llamados *wu h'sing,* «las cinco cosas que se están haciendo». Los elementos interactúan entre ellos tanto de manera beneficiosa como dominante. Cada sector del pa kua está gobernado por un elemento en particular.

Cuadrado mágico Nombre que se da a una serie de números del 1 al 9 asociados a cada sector del pa kua. Cada número se asocia a la energía elemental de ese sector del pa kua, así como con la energía yin y yang.

Dao/daoísmo *Véase* Tao/taoísmo

Dragón Animal celestial del este. Sus colores simbólicos son el verde y el azul celeste y su elemento es la madera. El dragón encarna las cualidades del yang: energía positiva, buena suerte y transfor-maciones de energía. Se dice que vive en un paisaje montañoso y se asocia con la parte izquierda de un jardín o edificio.

Escuela de la Brújula Una forma antigua de feng shui, se basa en los ocho puntos principales de la brújula. Implica la utilización de una brújula (o de una brújula especial que se llama *lo pan*) para identificar los sectores del pa kua.

Escuela de la Forma Una forma antigua de feng shui que se basa en analizar las características de un paisaje y trabajar con sus energías.

Fa ch'ou wei «Apestoso»: expresión utilizada para un chi yin muy estancado.

Feng shui La utilización de la luz, del color y de los objetos para aumentar el chi en una zona. La mayoría de símbolos y prácticas que se utilizan en feng shui aparecieron hace muchos siglos en China. El taoísmo es el origen del principio de mezclar diferentes formas de energía.

Fénix Animal celestial del sur. Su color simbólico es el rojo y su elemento es el fuego. El fénix encarna la combinación perfecta de energía yin y yang, y representa el éxito, el entusiasmo por la vida y el espíritu fuerte. La energía del fénix también puede estar simbolizada por un faisán, pavo real, gallo o por un gorrión.

Flechas venenosas Líneas rectas, esquinas o bordes que envían excesiva energía yang (*véase sha chi*) perjudicando su propia energía o la de su casa. Incluyen las puntas afiladas de los muebles o de los tejados de las casas y de los cruces en forma de T de las carreteras.

Fu «Hacha de carnicero»: término para un edificio en forma de «L» que tiene zonas perdidas y, a veces, el *tai chi* (punto central) fuera de las paredes.

Ho sheng «Bueno, fluido»; término utilizado para describir el chi ideal.

Hsi mieh «Apagar el fuego». Término utilizado para un remedio que controla la energía demasiado violenta; sobre todo, el uso de símbolos de agua para controlar la energía de fuego.

Hsiao hua jun i te «Digestión fácil»; expresión en feng shui para una mezcla perfecta de chi en una zona para comer.

Hsin tsang «Corazón de la casa»; término chino para un comedor.

Hu kung chi «Ataques del tigre»; término para el problema que podría afrontar si provoca a la energía del tigre.

Jen t'zu El chi tranquilizador del sector noroeste del pa kua; se dice que es como un «viejo y sabio padre bondadoso».

K'u te ching cheng «Rivales implacables, vecinos enfadados»: artículos con energías elementales que se enfrentan, y que están de lado o enfrentados, como un horno (fuego) al lado de un fregadero (agua) en una cocina.

K'ung te «Vacío» o «sin utilizar»; término para una zona «perdida» en un plano de una planta.

Kou «Boca»; nombre tradicional para la puerta principal de una propiedad, que simbólicamente alimenta el edificio.

Kou chou «Drenaje». Describe la manera en la que el chi puede escurrirse por los desagües de la bañera y del lavabo, y por el inodoro de la casa.

Kuan ch'a chi fu «Observar y aplicar»; éste es uno de los primeros principios fundamentales del feng shui.

Kuang hain fang chih «Lugar de la mente brillante»; un espacio de trabajo o un área de estudio ideal.

Lien chin shu «Alquimia». Término muy antiguo para la práctica del feng shui. Se refiere a la mezcla de chi.

Ling hsiu Nombre tradicional para el sector noroeste del pa kua. Significa «la posición del jefe» o «el área de la autoridad».

Liu tung «Flujo constante»: término para describir el chi bueno.

Lo pan Una clase especial de brújula utilizada por los expertos en feng shui en la Escuela de la Brújula para identificar los sectores del pa kua.

Lo shu *Véase* cuadrado mágico.

Ma pei «A lomo del caballo». Término utilizado para describir un color adecuado para un sector del pa kua y que se pone encima de un color «incorrecto» para equilibrar las energías. Sea cual sea, el color que se ponga encima, o «a lomo del caballo», dominará la energía del color de abajo.

Men kou Término utilizado para indicar entradas amistosas y acogedoras.

Moderado y serpenteante Forma ideal para que fluya el chi: de manera curvada, ni demasiado rápido ni demasiado lento.

Neng li shih li «Energía fuerte y poder»; un cóctel perfecto de chi.

Ocho Ubicaciones Los ocho sectores del pa kua. Cada uno está asociado con un punto de la brújula: norte, noreste, etc. Cada uno tiene su propia mezcla de chi.

Pa kua Diagrama dividido en ocho porciones (el nombre significa «forma de ocho lados») que muestra las Ocho Ubicaciones y el *tai chi*. Incluye los trigramas, los elementos, los colores, los números del cuadrado mágico y los aspectos de la vida relacionados con cada sector. Coloque el pa kua encima del plano de la planta para poder identificar y trabajar con las energías de un espacio en particular.

Pei pu shan te «Duplicar la maldad»: es el efecto perjudicial de un espejo si refleja algo desfavorable, como un cuarto de baño.

Peng tai «Venda»; término que se usa para un objeto que se coloca encima de otro para corregir el chi en un sector del pa kua. Un ejemplo sería un espejo colgado encima de una chimenea para controlar la energía de fuego. Otra manera de «aplicar la venda» es poner un color encima de otro que sea «incorrecto».

Pi shou «Puñal». Normalmente se utiliza para describir a las escaleras de caracol que «apuñalan» el corazón de un edificio.

Pu «Sencillez». Principio fundamental del taoísmo y un propósito esencial en feng shui.

Pu shan te «Maldad». Este término se refiere a la contaminación o drenaje del chi bueno y se asocia especialmente con los cuartos de baño.

Sha chi Excesivo chi yang que pasa rápidamente a través o por delante de una casa llevándose la energía buena.

Sheng chi *Véase* aliento del dragón.

Sheng ming ts'ai fu «Riqueza de la vida»: no sólo riqueza, sino también buena calidad de vida y relaciones sólidas.

Shih jui li *Véase* flechas venenosas.

Tai chi El centro del pa kua; el punto donde se mezclan las diferentes energías chi. Debe mantenerlo siempre despejado y limpio.

Tao En taoísmo, el universo y las conexiones entre todo lo que hay dentro, incluido nosotros.

Tao p'ien «Hojas cortantes»; término para los armarios o las estanterías situados encima de la cama o el asiento, y que interfieren con la energía de la persona que esté tumbada o sentada debajo de ellos.

Taoísmo Sistema de filosofía tradicional chino basado en las relaciones de las personas con el mundo natural. En feng shui, los maestros taoístas desarrollaron la idea de la mezcla de energías naturales.

Tigre Animal celestial del oeste. Su color simbólico es el blanco y su elemento es el metal. El tigre encarna el chi yin que es creativo, pero impredecible.

Tortuga Animal celestial del norte. Su color simbólico es el negro y su elemento es el agua. El «guerrero protector del norte» simboliza el progreso y la protección.

Trigrama Serie de tres líneas que indica una de las Ocho Ubicaciones del pa kua. Las líneas representan una mezcla de energías yin y yang; el yin se indica con una línea rota y el yang con una línea continua.

Ts'ai fu *Véase* sheng ming ts'ai fu.

Tung te «Variable y móvil»: término utilizado para describir el chi bueno.

Wing cheh *Véase* Escuela de la Brújula.

Wu Término que se usa para un estado de vacío creativo y fértil; uno de los objetivos finales en taoísmo. El *wu* también se refiere a la espera de que suceda la oportunidad. En feng shui, se asocia el *wu* con el espacio y con los recipientes vacíos, especialmente, boles metálicos o jarrones, colocados en los sectores oeste o noroeste del pa kua.

Wu h'sing *Véase* Cinco Elementos.

Yang Nombre para el chi positivo, fuerte activo y vivo.

Yao sai ch'iang pi «Paredes de fortaleza»; estructuras u objetos que se utilizan para separar ciertas áreas y conservar sus energías.

Yin Nombre para el chi lento, estable, pasivo y constante.

Yun shan te yao su Elementos amigos que pueden utilizarse juntos para aumentar el chi útil.

PÁGINAS WEB ÚTILES

Las siguientes páginas web le darán más información sobre el autor y sobre el feng shui. También le muestran dónde puede comprar artículos para casa y jardinería que se ajustan a los principios del feng shui.

www.fengshuidoctor.co.uk

La página web de Paul Darby tiene información sobre el feng shui, detalles de consultas y otros servicios que ofrece el autor, además de una tienda online de feng shui. Tel: 00 44 1623 658390.
E-mail: pauldarby@fengshuidoctor.co.uk

www.wofs.com

Esta página, dirigida por Lillian Too, contiene información sobre todos los aspectos del feng shui, además de artículos de varios expertos en feng shui.

www.susanlevitt.com

Susan Levitt, experta en feng shui, astrología y lectura del tarot, ofrece información adicional y artículos sobre el feng shui.

www.hccollege.co.uk

El Horticultural Correspondence College dirige todo tipo de cursos de jardinería a distancia. Paul les redactó un curso sobre cómo diseñar un jardín japonés.
Tel: 00 44 1225 816700.
E-mail: info@hccollege.co.uk

www.greenhillsgardencentre.co.uk

Un estupendo centro de jardinería. Paul Lathrope, el propietario, da valiosos consejos y escribe artículos para diferentes revistas británicas.
Tel: 00 44 1623 554418.

www.sittingspiritually.co.uk

Esta empresa fabrica muebles de madera resistente para el jardín, construidos según los principios del feng shui.

www.sallyannsheridan.com

Sallyann le dará sabios consejos sobre cómo organizar su vida. También imparte talleres y cursos para escritores.
E-mail: sallyann@sallyannsheridan.com

LECTURAS ADICIONALES

Lazenby, Gina, *El feng shui en la decoración*, Blume, 1999.

Lazenby, Gina, *Feng shui*, Blume, 1999.

Lazenby, Gina, *La casa sana*, Blume, 2007.

ÍNDICE

AGRADECIMIENTOS DEL AUTOR

Este libro no habría nacido sin la ayuda y el apoyo de muchas personas, incluidas las siguientes.

Martin Shaw, mi querido amigo, que me ha ayudado a valorar las cosas. Es un ser sabio, espiritual y tierno; ¡andamos por el mismo camino!

«Namaste» a mis maestros, profesores y gurús: ¡Sai Baba, Maestro Li, Thubten Gyatso, Maitreya y Lillian Too; y a Annie, Kris, Kerry, Sally, Tom, Jodie; Keira, Evelyn y George!

Todo el equipo de Duncan Baird Publishing por su amabilidad, atención y comprensión; especialmente Bob, compañero observador de aves, que tenía la misma visión del libro que yo; Nelly, mi princesa galáctica irlandesa, que dio colorido y brillo al libro, y Katie, «Saltamontes», que me ha ayudado inmensamente, haciendo las preguntas correctas en el momento correcto.

Todas las personas que me han preguntado (por correo electrónico, por carta, por teléfono, de palabra) sobre el feng shui y sobre cómo funciona. Es para ellos que he escrito este libro (para responder a sus preguntas).